北京电影学院精品系列教材

沟通技巧

王秋硕◎著

中国国际广播出版社

图书在版编目（CIP）数据

沟通技巧 / 王秋硕著. —北京：中国国际广播出版社，2023.1
ISBN 978-7-5078-5269-1

Ⅰ.①沟… Ⅱ.①王… Ⅲ.①人际关系学 Ⅳ.①C912.11

中国版本图书馆CIP数据核字（2022）第222374号

沟通技巧

著　　者	王秋硕
责任编辑	万晓文
校　　对	张　娜
版式设计	邢秀娟
封面设计	赵冰波

出版发行	中国国际广播出版社有限公司［010-89508207（传真）］
社　　址	北京市丰台区榴乡路88号石榴中心2号楼1701 邮编：100079
印　　刷	天津市新科印刷有限公司

开　　本	710×1000　1/16
字　　数	260千字
印　　张	16.5
版　　次	2023年9月　北京第一版
印　　次	2023年9月　第一次印刷
定　　价	58.00元

目　录

第一周　沟通概述（一）

教学内容

沟通的含义；沟通的过程；沟通的障碍。

教学学时

理论学时2学时，实践学时2学时，共计4学时。

教学目的

通过理论讲授，使学生基本了解沟通的定义、特征、目标、内容、类型、意义以及沟通的过程和障碍的克服；通过实践训练，使学生将理论应用于实践，能够初步了解自己、了解他人。

教学重点

沟通的目标；沟通的内容；沟通的过程；障碍的克服。

教学要求

1. 布置课前预习，浏览教材内容。
2. 理论讲授少而精，课堂互动巧而优。
3. 选择经典音视频，讲解教学重难点。
4. 结合丰富典型案例，指导有效实践训练。
5. 布置适量课后作业，融会贯通课堂内容。

教学模式

理论讲授+实践训练

第一节 沟通的含义（一）：定义·特征·目标

一、沟通的定义

“沟通”一词最早出自《左传·哀公九年》：“秋，吴城邗，沟通江淮。”本义指凿沟使两水相通，现多用其引申义，如《现代汉语词典》将其释义为“使两方能通连”，而日常使用多指信息交流。

在学术界，关于沟通的定义众说纷纭、不下百种，有的强调传受双方对信息的共享，有的强调传受双方的互动交流，有的强调依托某一媒介对符号进行传送，有的强调人对人的影响。

综合而言，可以这样理解：沟通是指交流双方/多方为了实现某个既定目标，通过某种具体方式，传递信息、感情、思想等内容，并获取理解/达成协议的过程。

目标、内容、协议统称为沟通的三要素。其中，协议可以是严谨、正式的，也可以是松散、随意的，但都基于沟通几方对于目标与内容的相近/同一理解与判断。

二、沟通的特征

由沟通的定义可以看出沟通的三个基本特征，即社会性、目的性和动态性。

（一）社会性

人是社会性的动物，从某种角度而言，交流沟通是人类存在的基本方式之一。人类创建了各类繁复的符号系统，用以建立联系、传递信息、表达情感、交流思想，并由此调整言行、增强信任、促进合作、提高效率，最终实现对社会发展和人类进步的有效推动。

（二）目的性

沟通天然地具有目的性和实用性。通过沟通，人们可以实现既定目标，微观而言能够使自己在生活、工作、学习等各个方面有所获益，宏观而言也能够推动社群、行业以及社会、人类的前行。

【课堂讨论】

是否存在“无目的性”的沟通？

（三）动态性

沟通的整个过程始终具有动态变化的特征。第一，无论是何种具体方式的沟通，沟通几方始终处于“传”与“受”的角色转换之中。第二，信息的传递具有动态、历时、向前的特点，有声语言沟通与无声非语言沟通还具有不可逆的特征。第三，沟通过程中的内容表达也可能出现符号系统的转换，如有声语言、无声非语言、文字等的相互转换、交错使用。

【课堂讨论】

微信、邮箱等的限时撤回功能对沟通具有怎样的影响？

三、沟通的目标

沟通的方式多种多样，目的也不尽相同，无论是为了传播、交流、分享、娱乐，还是试图解释、说服、教育、宣传，总结而言，沟通具有四个层级的基本目标，即使沟通的对方接收、理解、认同、行动。

（一）初级目标——接收

接收是指沟通内容传递出去到达沟通对象，如果对方没有接收到则意味着沟通没有发生。接收是沟通的初级目标，也是最容易实现的目标。

（二）次级目标——理解

在沟通内容到达沟通对象之后便需要被充分理解，即沟通对象能够全面、深入地了解沟通内容的性质、内涵、目的、影响等各个方面。

理解需要建立在沟通几方具有相近或相同的符号认知系统之上，沟通内容不同于固化的有形物体，对文字、有声语言、无声非语言等符号系统的不同理解与认知有时会在沟通中产生歧义，沟通前应充分考虑沟通对象的理解、接受能力以及社会、文化等影响因素，以最为恰切的内容保证沟通的顺利、有效。

（三）高级目标——认同

认同是沟通内容被沟通对象经过思维层面的理解之后产生的心理层面的接受与认可，这是沟通的深层高级目标。

值得注意的是，对于沟通内容的理解不一定实现认同，认同不一定达成协议，但是无法达成协议的沟通必定没有实现认同。

（四）高层目标——行动

对于日常交流沟通而言，实现理解、认同也许便实现了沟通的目的，但是对于以劝导、教育、宣传、号召等为目的的沟通以及商务、外交等正式事务性沟通而言，最终目标应当是沟通对象在接收、理解、认同的基础之上能够采取相应的行动，即改变态度、行为或达成协议，这是沟通另一更高层级的目标。

同样值得注意的是，即便沟通对象能够实现有效的接收、理解、认同，但并不一定能够改变行为、达成协议，因其涉及沟通对象的个人意愿、代表立场等复杂因素。因此，要想实现沟通的高层目标，沟通过程中重视沟通内容、恰切使用技巧尤显重要。

第二节　沟通的含义（二）：内容·类型·意义

一、沟通的内容

沟通的基本内容大致可以概括为六个方面，简称“5W1H”，即何因（Why）、何人（Who）、何事（What）、何时（When）、何地（Where）、如何（How）。

（一）何因（Why）

何因是指沟通的目标，也就是为什么沟通。无论是实现哪个层级的目标，在沟通之前都应做好尽量完善的准备，如充分了解沟通对象的背景、性格、偏好、底线、理解能力、以往沟通经历等各个方面，为沟通赢得心理先机。

沟通目标的确定还与沟通几方的地位密切相关。应明确对等沟通方、主动沟通方和被动沟通方，地位不同，沟通的过程与采取的技巧便大相径庭。一般而言，对等沟通的各方均有备而来，势均力敌、各展所长；主动沟通方目标明确、思路清晰，占据心理优势，处于有利地位，但仍应注意如何将优势变为胜势，防止沟通崩盘；被动沟通方往往准备不足，容易陷入被动，应注意稳定心态、利用技巧、随机应变。

（二）何人（Who）

何人是指沟通的对象。在沟通过程中，同样的内容面对不同的沟通对象，应采取不同的沟通方式、沟通技巧，以更好地实现沟通目标。绝不能仅仅聚焦于自己的目标和所准备的内容而忽视沟通对象，沟通效果的优劣、沟通目标的实现最终实则取决于沟通对象的接收、理解和认可程度。

（三）何事（What）

何事是指沟通的主题，即沟通所围绕的核心问题。沟通中所探讨的问题，是沟通目标的具化与细化，也是沟通基本的背景与线索，最终都指向沟通目标的实现。因此，沟通几方应紧密围绕主题展开有效沟通，应避免东拉西扯、偏离主题，甚至离题万里。

（四）何时（When）

何时是指沟通的具体时间。不同社会和文化背景、不同职业的人对于合理的沟通时间认知是不一样的；相同的时间节点，不同的人在体力、情绪、注意力等方面可能会有明显的差异；同一个人同一天里，在体力、情绪、注意力等方面也会有所不同。因此，沟通时间应综合考虑沟通几方的特点与诉求进行合理安排与选择。

另外，沟通时间的长短也对沟通效果具有重要影响。一般而言，时间越长，注意力越难集中，过长的沟通“拉锯战”对沟通几方都是巨大的考验。做好时间上的困难准备，也是沟通前应有的心理建设。

（五）何地（Where）

何地是指沟通的具体地点，即常说的“场合”，涉及地理位置、场所空间、布置装饰等内容。不同的场合会对人的感官产生不同的影响，再由此影响思维、心理、情绪等状态，最终影响沟通效果。因此，沟通场合的选择同样应综合考虑沟通几方的特点与诉求，以实现最佳沟通效果。

（六）如何（How）

如何是指怎样实现沟通目标，即采取的沟通方式与手段。这是沟通内容中相对复杂、困难的部分，如应大致确定沟通是书面形式还是口头形式，书面形式是纸质形式还是电子形式，有声语言还是无声非语言，辅助形式是图片、模型还是多媒体，表达风格是庄重还是轻松，表达逻辑是归纳法还是演绎法，包括沟通的时间、场合等的确定，采用多种方式的主次安排，以及每一种方式的分寸把握，等等。应根据不同目标、不同对象选择最恰切的沟通方式，并根据需要营造合适的沟通氛围，事无巨细，才能有备无患。

二、沟通的类型

从不同角度可以对沟通进行不同的类型划分。

（一）按沟通对象划分

按照沟通对象的不同可以将其划分为自我沟通与人际沟通。

1. 自我沟通

自我沟通是指对自己身心状况的认知、展现、塑造、管理以及对自己和周围环境关系的认知与评价。知人者智，自知者明。自我沟通是人际沟通的重要前提，只有客观自我认知、科学自我管理、正确自我沟通，才能将沟通的第一步走扎实，才能为自我价值的实现奠定良好的基础。

2. 人际沟通

除自我沟通之外的沟通形式统称为人际沟通，也是狭义的“沟通”。除了人与人之间直接的沟通，无论是国家、社团之间的沟通，还是单位、组织之间的沟通，表面看似与个人无关，但最终都能具化为人与人之间的沟通。

值得注意的是，人际传播与大众传播之间具有天然的鸿沟，人际沟通进入媒介环境之后具有了全新的大众传播的媒介性质，已然不同于纯粹的人际沟通了。媒介沟通是人际沟通的一种具体情境。

【课堂讨论】

随着媒介技术的日新月异、媒介融合的风起云涌，人际传播与大众传播之间曾经巨大的鸿沟正在有所消弭，如何理解和看待这一现象？

（二）按信息载体划分

按照沟通中信息的载体或者说所使用的符号形式可以将其划分为语言沟通与非语言沟通。

1. 语言沟通

语言沟通是指以语言文字作为信息载体进行的沟通，又可具体分为有声语言沟通与书面文字沟通。

2. 非语言沟通

非语言沟通是指以体态语言、物化语言、环境语言等作为信息载体进行的沟通，又称无声非语言沟通。

（三）按组织正式程度划分

按照沟通的组织正式程度可以将其划分为正式沟通与非正式沟通。

1. 正式沟通

正式沟通是指通过特定组织所规定的方式、渠道等进行的沟通，如会议、会谈、会晤等。

在正式沟通中，按照沟通双方地位与信息传播方向的不同，又可具体分为上行沟通、下行沟通与平行沟通。

2. 非正式沟通

非正式沟通是指组织之外以个人身份进行的沟通，如朋友聚会、家人聊天、私下议论等。

（四）按媒介依赖程度划分

按照沟通的媒介依赖程度可以将其划分为直接沟通与间接沟通。

1. 直接沟通

直接沟通是指沟通几方无须媒介参与而直接面对面进行的沟通，如会议、演讲、授课等。

2. 间接沟通

间接沟通是指沟通几方通过文件、信函、电话、电子邮件等媒介参与的沟通。

【课堂讨论】

有人以是否存在反馈将沟通分为双向沟通与单向沟通，是否合理？

三、沟通的意义

除了实现既定目标、获得理解、达成协议，沟通在人类社会中还起着满足生理需求、认同需求、社交需求等重要作用。人既需要独处，更需要沟通，人际关系是社会人的重要存在方式。

（一）生理健康

各种科学实验、现实例证、调查数据都表明，顺畅积极的人际沟通、良好健康的人际关系与生理健康之间存在着密切的联系。每个人需要的沟通次数、沟通时长等并不相同，但是人际沟通的质量是同样重要的。

（二）心理认同

人际沟通的意义并不仅仅在于可以带来生理的健康，其也是自我认同的重要途径。每个人都在和他人的沟通交流中不断了解自己、了解自己所处的环境，并由此实现自我认同的不断精细与深化。

（三）社交网络

人际沟通是建立社交网络的重要基础。沟通满足了人类的社交需求，这也是满足感、幸福感、愉悦感的重要来源。对于社交而言，沟通永远都有提升的空间。

（四）具体目标

沟通的定义中已经指出，沟通是实现既定目标的有效途径。除了满足个体的实际需求，沟通在完成工作目标、实现自我价值等工作事业层面以及推动人类社会前进等社会宏观层面都有着不可估量的巨大作用。

【课堂讨论】

沟通在马斯洛的人类生理需求、安全需求、社交需求、自尊需求、自我实现需求五个层次需求中扮演着什么样的角色？

第三节　沟通的过程

一、沟通过程的定义

沟通的过程是指信息的发出者（沟通的发起者）将所要传播的内容进行筛选确定、符号编码之后，通过某种具体方式传递给信息的接收者（沟通的对象），接收者通过对内容进行解码、理解之后，再反馈给发送者的完整过程。

二、沟通过程的要素

由沟通的过程可以看出其七个基本要素，即发送者、编码、载体、接收者、解码、反馈以及“噪声”。

1.发送者

发送者是指发起沟通的一方，是沟通过程的主体，是“信息源”。内容的发送存在有意无意、有目的无目的等之分，但都要受到法律法规、公序良俗、规章制度、媒介特征、个人形象等多重因素的制约。

2. 编码

编码是指组织内容，即发送者把信息、感情、思想等用相应的文字、语言、非语言等符号进行表达。为了沟通的顺畅有效，应充分考虑接收者的情况，选择恰切的符号对内容进行编码。

3. 载体

载体是指内容的具体传播形式，即媒介，这是保证沟通交流的物质基础。除了当面沟通，还可以通过个人媒介与大众媒介进行沟通。个人媒介如电话、手机、信函、传真、电子邮件等，大众媒介如报刊、书籍、广播、电视、网络等。

4. 接收者

接收者是指沟通的对象，是沟通过程的客体。同样会受到多重因素的制约，对沟通的效果、目标的实现具有决定性影响。

5. 解码

解码是指接收者按照一定的符号系统规则对接收到的内容进行意义还原，也称译码。从沟通目标的角度来看，解码阶段包括了接收、理解、认同的三级目标，尤显重要，再次凸显了接收者在沟通过程中的重要地位。

6. 反馈

反馈是指接收者对内容进行解码之后将自己的回应内容进行编码传回发送者。反馈也存在有意无意、有目的无目的等之分，但都对沟通效果具有重要影响。反馈使得发送者和接收者的角色产生了转换，这是沟通过程的必要环节，是推动沟通目标实现的必经之路。

7. “噪声”

“噪声”是指沟通过程中的一切干扰项，大致可分为外部噪声、内部噪声、语义噪声等。外部噪声主要来源于环境，内部噪声主要来源于沟通几方的主观偏差，语义噪声主要来源于符号系统的不同表达与理解。

【课堂实践】

简单画出沟通的完整过程。

第四节 沟通的障碍

一、沟通的障碍

在沟通过程中，沟通几方的主观因素或传递过程中的客观因素等都会对沟通造成障碍。

（一）发送者

1. 目的不明

目的不明是指发送者不清楚为何要沟通，具体而言即对自己所要传递的内容、沟通的对象、实现的目标、采取的方式等不够明确。

2. 思路不清

思路不清是指发送者没有厘清沟通的思路，混乱的符号系统必然造成沟通的不畅。

3. 形式不当

形式不当是指发送者在沟通时所使用的符号系统或媒介系统不够恰当，如有声语言和无声非语言的配合失灵，个人媒介和大众媒介的选择失当，等等。

4. 时机不准

时机不准是指发送者在沟通时所选择的时间、场合、事件节点等不够准确，缺少了审时度势的敏感或能力。

（二）接收者

1. 知觉偏差

知觉偏差是指接收者的个性特征、认知水平、文化素养、价值标准以及智商、情商等与发送者有差异，影响了其对于内容的接收、理解。

2. 加工过度

加工过度是指接收者对接收到的内容过于主观地进行过分加工、过滤、剖析、解读等，导致信息被断章取义甚至面目全非。

3. 刻板印象

刻板印象是指接收者对沟通对象、沟通内容、沟通形式等方面因以往经验而存在的固有成见。

4. 心理困扰

心理困扰是指接收者因为曾经的某些经历影响了心理状态，对沟通对象产生戒备、恐惧、自卑、忌妒等心理。

（三）传递过程

1. 媒介不当

媒介不当，一方面是指沟通中所选择的媒介方式不够恰当，沟通几方都有可能选择失误，导致内容无法有效传递；另一方面是随着媒介技术的不断发展，先进传播手段层出不穷并大大提高了沟通效率，但过于依赖技术的特性也导致其一旦失灵便会造成严重后果。

2. 渠道不畅

渠道不畅是指发送者传递的内容在到达接收者之前会经历一个较为复杂的传播过程，这一过程中环节越多，信息过滤现象便会越严重。

【课堂讨论】

还有哪些主客观因素会导致沟通障碍？

二、障碍的克服

沟通障碍形式多样、成因复杂，发送者与接收者都应本着顺畅沟通、消除障碍、增进理解、实现目标的主观意愿，努力消除隔阂、克服障碍。

（一）发送者

发送者应明确沟通目的，厘清沟通思路，选择恰当媒介，把握精准时机，了解沟通对象，做好充分准备，争取有效沟通。

（二）接收者

接收者应提高文化水平，增强理解能力，完善认知水准，调节情绪状态，克服心理困扰，避免先入为主，客观对待沟通。

（三）双方

在沟通过程中，发送者与接收者的角色可能随时在发生互换，因此，双方都应在沟通前以及沟通中尽量充分了解对方、理解对方，并学会换位思考、将心比心。

1. 了解沟通对象的内容

了解沟通对象大致包括兴趣爱好、性格特征、价值取向等方面。

兴趣爱好大致可以分为物质兴趣和精神兴趣、直接兴趣和间接兴趣等类型。了解沟通对象的兴趣爱好有助于切入话题、展开沟通。

性格特征从不同的测试方式或职业领域来看有不同的类型，如气质类型可以分为多血质、黏液质、胆汁质、抑郁质，职场类型可以分为力量型、完美型、活泼型、和平型。在沟通中，针对不同性格特征的对象采用不同的沟通策略，有助于沟通的顺利推进。

价值观是指对于客观事物的总体认知与评价，即价值取向，大致可以分为理性价值观、社会性价值观、政治性价值观、经济性价值观、宗教性价值观、文化性价值观等。价值观是沟通几方达成目标的重要基础。

【课堂实践】

了解自己。通过气质类型测试看自己属于哪一种气质类型，是否和自己的已有认知吻合？

2. 了解沟通对象的路径

了解沟通对象大致可以从网络搜索、观察分析、类比推论等路径着手。

互联网的普及使得搜索与查阅信息变得无比便利，利用网络了解沟通对象是最为便捷、有效的方式。

对于难以用网络查询的普通沟通对象，则需要采取观察分析的方法进行了解，即通过观察沟通对象的着装、举止、神态、表情等个人外部特征对其进行分析。

类比推论是指通过分析沟通对象的交友、职业及与其相近的人或岗位的特征推断沟通对象的特征。

【课堂实践】

了解他人。随机两人一组，自由交谈5分钟，结合平时对这位同学的了解，说出对方的兴趣爱好、性格特征、价值取向，并模仿其声音、表情、动作等。

【课堂讨论】

在交谈的过程中能否顺利获取自己想要的信息？在模仿的过程中能否体会他人所处的状态？

【课后作业】

1. 回顾课堂内容，预习下周内容。

2. 和一位关系重要的人共同完成一项或多项合作任务，小至购物、做饭，大至拍摄作品、合作项目，通过与对方交流了解你的沟通能力，并总结自己的感受。

【推荐影视】

电影《少年时代》（*Boyhood*，2014）

电影《荒野生存》（*Into the Wild*，2007）

【延伸阅读】

气质类型

气质类型是对人的气质、性格进行的分类，以公元前5世纪古希腊医生希波克拉底的分类最为著名，其认为人体内的四种液体即血液、黏液、黄胆汁、黑胆汁的比例不同导致体质不同，由此亦形成了四种气质类型，即多血质、黏液质、胆汁质、抑郁质。虽后世有多种气质类型的分类方法，但均不如这一分类方法接受程度高。

以下60道题可以帮助你大致确定自己的气质类型，请根据自己的情况在五个分值中选择一个适合自己的。

计分标准：2分——很符合；1分——比较符合；0分——介于符合与不符合之间；–1分——比较不符合；–2分——完全不符合。

注意事项：

① 回答时请不要猜测题目意图，无须考虑应该怎样，只需回答你平时怎样。

② 回答时应迅速反应，不要在某道题目上花费过多时间。

1.做事力求稳妥，一般不做无把握的事。（ ）分

2.遇到可气的事就怒不可遏，想把心里话全说出来才痛快。（ ）分

3.宁可一个人干事，不愿与很多人在一起。（ ）分

4.到一个新环境很快就能适应。（ ）分

5.厌恶那些强烈的刺激，如尖叫、噪声、危险镜头 。（ ）分

6.和人争吵时总是先发制人，喜欢挑衅。（ ）分

7.喜欢安静的环境。（ ）分

8.善于和人交往。（ ）分

9.羡慕那种善于克制自己感情的人。（ ）分

10.生活有规律，很少违反作息规律。（ ）分

11.在多数情况下情绪是乐观的。（ ）分

12.碰到陌生人觉得很拘束。（ ）分

13.遇到令人气愤的事，能很好地克制自我。（ ）分

14.做事总是有旺盛的精力。（ ）分

15.遇到问题总是举棋不定、优柔寡断。（ ）分

16.在人群中从不觉得过分拘束。（ ）分

17.情绪高昂时，觉得干什么都有趣；情绪低落时，又觉得什么都没意思。（ ）分

18.当注意力集中于某一事物时，别的事很难使我分心。（ ）分

19.理解问题总比别人快。（ ）分

20.碰到危险情境，常有一种极度恐怖感。（ ）分

21. 对学习、工作、事业怀有很高的热情。（ ）分
22. 能够长时间做枯燥、单调的工作。（ ）分
23. 符合兴趣的事情，干起来劲头十足，否则就不想干。（ ）分
24. 一点儿小事就能引起情绪波动。（ ）分
25. 讨厌做那种需要耐心、细致的工作。（ ）分
26. 与人交往不卑不亢。（ ）分
27. 喜欢参加热烈的活动。（ ）分
28. 爱看感情细腻、描写人物内心活动的文学作品。（ ）分
29. 工作、学习时间长了，常感到厌倦。（ ）分
30. 不喜欢长时间谈论一个问题，愿意实际动手干。（ ）分
31. 宁愿侃侃而谈，不愿窃窃私语。（ ）分
32. 别人总是说我闷闷不乐。（ ）分
33. 理解问题常比别人慢些。（ ）分
34. 疲倦时只要短暂休息就能精神抖擞，重新投入工作。（ ）分
35. 心里有话宁愿自己想，不愿说出来。（ ）分
36. 认准一个目标就希望尽快实现，不达目的誓不罢休。（ ）分
37. 学习、工作一段时间后，常比别人更疲倦。（ ）分
38. 做事有些莽撞，常常不考虑后果。（ ）分
39. 老师讲授新知识时，总希望他讲得慢些，多重复几遍。（ ）分
40. 能够很快地忘记那些不愉快的事情。（ ）分
41. 做作业或完成一件工作总比别人花的时间多。（ ）分
42. 喜欢运动量大的剧烈体育运动或参加各种文艺活动。（ ）分
43. 不能很快地把注意力从一件事转移到另一件事上去。（ ）分
44. 接受一个任务后，就希望能把它迅速解决。（ ）分
45. 认为墨守成规比冒风险强些。（ ）分
46. 能够同时注意几件事物。（ ）分
47. 当我烦闷的时候，别人很难使我高兴起来。（ ）分
48. 爱看情节跌宕起伏、激动人心的小说。（ ）分

49.对工作抱认真严谨、始终一贯的态度。（　）分

50.和周围人的关系总相处不好。（　）分

51.喜欢复习学过的知识，重复做能熟练做的工作。（　）分

52.希望做变化大、花样多的工作。（　）分

53.小时候会背的诗歌，我似乎比别人记得清楚。（　）分

54.别人说我“出语伤人”，可我并不觉得这样。（　）分

55.在体育活动中，常因反应慢而落后。（　）分

56.反应敏捷，头脑机智。（　）分

57.喜欢有条理而不甚麻烦的工作。（　）分

58.兴奋的事情常使我失眠。（　）分

59.老师讲新概念常常听不懂，但是弄懂了以后很难忘记。（　）分

60.假如工作枯燥无味，马上就会情绪低落。（　）分

多血质：计算4、8、11、16、19、23、25、29、34、40、44、46、52、56、60题得分之和。

黏液质：计算1、7、10、13、18、22、26、30、33、39、43、45、49、55、57题得分之和。

胆汁质：计算2、6、9、14、17、21、27、31、36、38、42、48、50、54、58题得分之和。

抑郁质：计算3、5、12、15、20、24、28、32、35、37、41、47、51、53、59题得分之和。

确定标准：

①如果某类气质得分明显高出其他三种，均高出4分以上，则可定为该类气质。如果该类气质得分超过20分，则为典型；如果该类得分在10—20分，则为一般型。

②两种气质类型得分接近，其差异低于3分，而且又明显高于其他两种，高出4分以上，则可定为这两种气质的混合型。

③三种气质得分均高于第四种，而且接近，则为三种气质的混合型。

气质特征：

①多血质：以情感发生的迅速、微弱、易变，动作发生的迅速、敏捷、易变为特征。属于这一类型的人，大都活泼好动、敏感、反应速度快、热情、喜与人交往、注意力易转移、志趣易变，具有外倾性。

②黏液质：以情感发生的缓慢、内蕴、平静，动作发生的迟缓、稳重、易于抑制为特征。属于这一类型的人，大都安静、稳重、反应缓慢、情感不易外露、沉默寡言、善于忍耐、注意力不易转移，具有内倾性。

③胆汁质：以情感发生的迅速、强烈、持久，动作发生的迅速、强烈、有力为特征。属于这一类型的人，大都热情、直爽、精力旺盛、脾气急躁、心境变化剧烈、易动感情，具有外倾性。

④抑郁质：以情感体验深而持久、动作迟缓无力为特征。属于这一类型的人，大都反应迟缓、善于觉察他人不易觉察的秋毫细末，具有内倾性。

第二周　沟通概述（二）

教学内容

沟通的原则；沟通的要求；沟通的技巧；沟通的能力。

教学学时

理论学时2学时，实践学时2学时，共计4学时。

教学目的

通过理论讲授，使学生基本了解沟通的原则、要求、技巧以及沟通能力的定义、特征、培养；通过实践训练，使学生将理论应用于实践，大致掌握与陌生人沟通的基本能力。

教学重点

沟通的原则；沟通的要求；沟通的技巧。

教学要求

1. 布置课前预习，浏览教材内容。
2. 理论讲授少而精，课堂互动巧而优。
3. 选择经典音视频，讲解教学重难点。
4. 结合丰富典型案例，指导有效实践训练。
5. 布置适量课后作业，融会贯通课堂内容。

教学模式

理论讲授+实践训练

第一节 沟通的原则

一、沟通的基本原则

沟通有技巧，沟通也是艺术，应遵循一定的基本原则，使沟通更加顺畅有效。无论是什么形式、什么场合的沟通，诚信原则、平等原则、互利原则、宽容原则等都是应当始终遵从的。另外，对于个人而言，平衡生活、工作中的各种沟通同样十分重要。

（一）诚信——基础性原则

诚信是为人处世的根本原则，也是沟通的重要基础性原则。真诚、实在、守信、重诺是立身之本，由此才能获得他人的认可、接纳和尊重。虚伪和欺骗或能获得一时之利，却不能实现长远发展。

（二）平等——前提性原则

也许在沟通中存在职位高低等差异，但人人平等的观念理应成为共识，这是沟通的重要前提性原则。人人都有被爱、被尊重的需要，以己度人、换位思考，平等待人是有效沟通的前提。

（三）互利——保障性原则

沟通是为了实现某个具体目标，互利互惠能够保障沟通的顺利进行并达成预期目的。但应注意，互利原则应建立在多付出不求回报的基础之上，“投桃报李”应成为沟通几方良性互动的标识。如果纯粹以“利”沟通，同样难有长远发展。

（四）宽容——情感性原则

为人应宽厚包容，在沟通中更应如此，这是人际交往重要的情感纽带。金无足赤、人无完人，没有人是完美无缺的，应当理解、接纳他人与自己的不同之处，要有容人的雅量，更要多看他人的优点。己所不欲，勿施于人；己所欲，同样勿施于人。沟通中更应大事清楚、小事糊涂，不斤斤计较，不小肚鸡肠，保证沟通能够实现预期目标即可。

（五）平衡——个体性原则

每个个体都在社会中承担着多重角色，每一个角色都需要不同方式、不同时间、不同程度的沟通。沟通是为了达成目标、满足需要，协调平衡好学习、工作、家庭、社交等各种沟通的比例，选择恰当的方式、时间和程度，才能实现有效沟通。

【课堂讨论】

在学习、工作、家庭、社交等沟通中，你的精力如何分配？是否合理？

二、沟通的表达原则

对于信息、感情、思想等具体的沟通内容而言，需要遵循一定的表达原则，即清晰（Clear）、简洁（Concise）、准确（Correct）、完整（Complete）、有效（Constructive）、礼貌（Courteous），简称“6C”原则。

1. 清晰（Clear）

清晰是指表达的内容清楚、明确、完整、有效，有条理，有逻辑。

2. 简洁（Concise）

简洁是指表达的内容言简意赅或占据尽量少的载体，可以有效降低传播、保存、管理的成本，提高沟通效率。

3. 准确（Correct）

准确是指表达的内容正确、精准，不能为了过分简洁而导致“因文害义”。

4. 完整（Complete）

完整是指表达的内容完全覆盖所需要传播的内容，没有遗漏。

5. 有效（Constructive）

有效是指表达的内容能够获得沟通对象的认可并唤起行动，最终实现沟通目标，即对沟通有建设性价值。

6.礼貌（Courteous）

礼貌是指表达内容时的状态应礼貌、得体，照顾沟通对象的感受、情绪和心理，便于沟通在和谐的氛围中有效进行。

第二节　沟通的要求

一、沟通的基本要求

沟通的基本要求大致包括自信、真诚、主动等方面，这些要求从思想和心理层面的调节指向沟通中呈现出来的具体言行举止。

（一）自信

1.自信的作用

自信是指发自内心的自我相信、自我认同、自我肯定。自信对于学习、工作、生活等方方面面都有着不可估量的作用。自信的人更善于通过恰当的方式表现自己并获得他人的认可，同时，自信还能激发进取心，更大限度地发掘自身潜力，当有所成就时更添自信，形成良性循环。可以说，自信不一定成功，但没有自信一定不会成功。

2.增强自信的技巧

增强自信除了不断提高自己的综合素养与能力，还可以通过总结成功经验、赢得多方肯定、建立良好关系、找寻积极意义等方式来实现。

每个人从小到大总会经历一些成功的事，每当信心动摇时，应回顾、总结以往的成功经验，重建自信。

在日常学习、工作和生活中，每当完成任务、实现目标的时候，首先应当自我肯定、自我嘉奖，也可以以恰当的方式来获得他人的肯定与赞赏，让自己拥有积极的心态。

学会信任他人，与周围的人建立积极良好的关系，当对他人的信任提升时，也会获得他人的信任，如此形成向上、向前的正能量，有助于自信的提升。

在日常学习、工作和生活中，不是每一件必须要做的事情都能引起自己的兴趣，而且能做到手到擒来，应当找寻到事情的意义并努力让自己乐在其中，而不是沉浸在不想做、不能做的负面情绪中，导致恶性循环。

（二）真诚

1. 真诚的作用

真诚来自对他人的信任，同时也源于对自己的信任。人人都有安全感的需要，以真诚之心待人，势必能获得他人的接纳，长期而言便能形成良好的人际关系。

2. 表达真诚的技巧

真诚的态度、言语、举止，需要通过恰当的方式表达。在沟通中应当做到表情自然，不做作；举止从容，不夸张；眼神坦荡，不闪躲；言语亲和，不张扬；态度恳切，不虚伪，实事求是，光明正大。

（三）主动

1. 主动的作用

善于主动认识他人、请教他人、关心他人并与他人沟通，不仅能锻炼自己的沟通能力，同时也能收获真心、建立自信。

2. 主动沟通的路径

沟通中的主动出击，可以从主动交往、主动反馈、主动吃亏等方面展开。

主动与他人沟通交流，一方面，在正式沟通场合不必时刻提醒自己沟通目标的实现，可以本着真诚交友的态度主动沟通、实现双赢；另一方面，在日常沟通场合应积极关注周围的人，主动沟通、表达关切，让自己处在正向美好的“朋友圈”中。

反馈是沟通的重要环节，主动反馈是有效沟通的重要保障。换位思考，长时间等待反馈总是不太良好的体验，积极主动进行反馈可以展现执行力、重视度，对于沟通目标的实现以及个人形象的树立都大有裨益。

俗话说，吃亏是福。在沟通过程中，他人不想做、不愿做的事你主动去做，不仅得到了更多的锻炼，也收获了口碑，同样对沟通效果与个人发展具有积极意义。

【课堂实践】

邀请一位陌生人（相关领域专家/了解沟通/带着沟通主题）来到课堂，学生分组进行准备后与陌生人进行沟通交流，由陌生人最终评判哪一组/人的沟通更合理，更善于与陌生人接触。

二、沟通的表达要求

沟通除了有自信、真诚、主动等方面的基本要求，在表达时还有针对性、情感性、丰富性等要求。表达的原则具有全面性、指导性，在任何沟通情境中都应遵循；表达的要求则需要根据具体情境具体选择，具有一定的弹性与随机性。

（一）针对性

沟通表达时应针对不同的沟通情境、对象、目的等，选择切境的表达方式和内容。从某种意义而言，情感性和丰富性也应做到针对性，也可以说是针对性的具体表现。

（二）情感性

沟通表达时具有情感性才能使语言富有感染力，但情感性不是夸张性、渲染性，同样也应具有切境的要求，即恰到好处、恰如其分。

（三）丰富性

沟通表达时应在词汇选择、句式选择、技巧选择等方面具有丰富的储备，根据具体沟通情境灵活使用，即上什么山头唱什么歌，见什么对象说什么话。

【课堂实践】

模拟与父母、领导、恋人一起吃饭的沟通情境，分组表演并讨论各有什么特点和要求。

第三节 沟通的技巧

一、沟通的基本技巧

在不同情境的沟通当中，会采用不同的沟通方式与技巧。有一些是具有普适意义的技巧，如展现兴趣、面带微笑、控制情绪等。

（一）展现兴趣

无论在何种沟通情境下，通过语言、表情、动作等真诚展现对沟通对象所表达内容以及相关事物的浓厚兴趣，更容易拉近距离、打动对方。如能在沟通之外通过恰切方式表达关注与关切，会为后续沟通交流奠定良好的基础。

（二）面带微笑

笑容是跨越语言障碍的世界通用语，作为一种沟通中的重要表情，可以有效拉近人与人之间的距离。同时，真诚的微笑还能带给他人宽厚、谦逊、亲和的印象，有助于良好个人形象的树立。

（三）控制情绪

沟通中很难处处顺心、事事如意，情绪的爆发无益于沟通的顺利，失去理智时的言行很可能伤人害己。因此，应当克制自己的情绪，保持沟通的理性。一方面，应学会忍耐，尽量化不良情绪为动力；另一方面，若难以忍受，则应学会转移不良情绪，努力使自己平静下来。

二、沟通的表达技巧

在沟通的具体过程中，同样有一些具有普适意义的基本技巧，如慷慨赞美、合理拒绝、巧妙道歉等。

（一）慷慨赞美

1. 赞美的作用

每个人都希望得到他人和社会的肯定，尤其是在努力付出之后。学会真诚地赞美他人，不仅表达了善意，传递了情感，消除了隔阂，收获了信任，同时也展现了自己的善良、宽厚、大度和成熟。由衷的赞美，能给双方都带来愉悦、鼓舞、自尊和自信。

2. 赞美的原则

赞美不是没有来由的虚情假意的辞藻堆砌，而应具有真诚的态度、具体的内容、恰当的时机。

赞美应发自内心、真情实感，越真诚越有效，避免空洞的套路话术或夸张的言过其实，否则会弄巧成拙、适得其反。

赞美应具体可感、有理有据，越精确越有效，避免大而化之的泛泛之谈或“文不对题”的误判误解，同时应注意赞美不可比较，更不要贬低自己赞美他人。

赞美应迅速积极、时机恰当，越及时越有效，避免“反射弧过长”引起尴尬。

3. 赞美的技巧

赞美的技巧多种多样，需要根据具体的情境灵活表达，如欲扬先抑、似贬实褒、投其所好、出奇制胜等。

【课堂讨论】

你知道哪些赞美的技巧与实例？起到了什么效果？

【课堂实践】

赞美他人。随机选择一名同学赞美另一名同学，之后双方表达各自的感受。

（二）合理拒绝

1. 合理拒绝的情况

当面对沟通对象的要求违反你的真实意愿，超出你的能力范围，因不可抗力而无法应约，以及损人利己、违法犯罪等情况时，应善于拒绝，敢于说“不”。

2. 不会拒绝的危害

没有原则、没有来由地委屈自己、成全别人，是心理怯懦、缺乏自信的表现，应及时调整、学会拒绝，否则会造成心理障碍，甚至引起心理疾病。

3. 合理拒绝的技巧

为了让合理的拒绝不损伤情面、不影响大局，应当讲究拒绝的技巧，如缓兵之计、先扬后抑、请君入瓮等。

【课堂讨论】

你有没有面临过拒绝的两难境地？是如何解决的？

（三）巧妙道歉

1. 道歉的作用

道歉在沟通中具有必要性与重要性，没有道歉，情绪会积累，误会会扩大，隔阂会加深，矛盾会尖锐。如果确有错误，适时、真诚、平和、巧妙的道歉，有利于沟通的重回正轨。

2. 道歉的步骤

首先应当勇于承担责任，错了就是错了；其次应当指出后果，表明你知道错在哪里；最后应当尝试补救，无论是否可以挽回，都应尽力补救，并确保以后不再发生。

3. 道歉的技巧

道歉的技巧同样多种多样，不仅仅只有“对不起”三个字。可以先道歉再解释，利用“物语”表达歉意，通过他人转达歉意等，有时没错也可以表达歉意，但是应分清“深感遗憾”和“必须道歉”的界限。

【课堂讨论】

你使用过/知道哪些巧妙的道歉方式？

第四节　沟通的能力

一、沟通能力的定义

沟通能力是指沟通者能够在沟通中恰切选择言行举止，并有效、恰当地增进关系、实现目标的能力。沟通能力是沟通者文化、心理、思维、表达等多重素养的综合体现，也是一项综合能力。

二、沟通能力的特征

沟通能力具有情境适应性与后天习得性两个主要特征。

（一）情境适应性

有效的沟通方法不止一种，面对相同的沟通情境，不同的人会有不同的沟通方式。而面对不同的情境，沟通者有的可以游刃有余，有的则可能心有余而力不足，不能因此就断言其没有沟通能力或沟通能力不足。因为沟通能力是有情境适应性的，换言之是以范围来划分的，没有放之四海而皆准的沟通方法，也没有能够应对所有沟通情境的沟通者。

（二）后天习得性

沟通能力虽然会受遗传、智力等因素的影响，但总体而言，对沟通能力产生更大更主要影响的是后天的学习。对于沟通技巧的科学训练与丰富实践，可以有效地提高沟通者的沟通能力。

三、沟通能力的培养

培养、提高沟通能力，方法与路径是多样的，但大致可以从道德涵养、文化素养、心理素质、思维能力、沟通技巧等方面入手。

（一）道德涵养

1.道德涵养的作用

沟通者的思想品质、道德情操是精神的脊梁，优秀的道德涵养是提高沟通能力的首要因素与前提条件。沟通者拥有高尚的品格、美好的品德，才能心中有他人，为与他人的沟通奠定基础。

2.提升道德涵养的路径

加强道德涵养建设，应从中华传统美德以及优良革命传统中汲取养分，不断检省思想、提升自我。

（二）文化素养

1.文化素养的作用

知识文化水平是沟通者在沟通时的重要无形利器，文化底蕴越深厚，知识视野越雄阔，表达水准越高超，沟通效果越优质。

2.提升文化素养的路径

提升文化素养应从一手经验与二手经验两方面展开。一方面，应当在生活中学习、积累，保持旺盛的好奇心与求知欲，这是一手经验的获得；另一方面，应当在书刊、媒介中学习，学习他人的经验，这是二手经验的获得。

（三）心理素质

1.心理素质的作用

沟通者的心理素质直接关系到沟通的效果与目标的实现。无论是发送者还是接收者，都应努力做到胸襟开阔、百折不挠。

2.提升心理素质的路径

提升心理素质，首先应当做到胸襟开阔、宽以待人，多包容便会少纷争；其次还应锤炼百折不屈的进取精神、坚忍不拔的抗压能力，通过适当的求助、合理的排解逐步战胜困难，提升心理素质。

（四）思维能力

1. 思维能力的作用

沟通者的思维能力同样关系到沟通的效果与目标的实现。思维是人脑对客观现实概括性、规律性、间接性的反应，思维和语言密切相关，语言是思维的工具，活跃的、具有创造性的思维活动又能提升内部语言编码能力和外部语言表达能力。

2. 提升思维能力的路径

提升思维能力，首先应当按照形象思维、逻辑思维、逆向思维、发散思维等顺序进行基础训练；其次应打破思维定式，培养思维的独特性；最后应重视想象力，培养思维的创造性。

（五）沟通技巧

沟通者必须掌握一定的沟通技巧，才能在不同情境的沟通中得心应手、游刃有余，从而有效传递信息，实现沟通目标，获取理解，达成协议。

【课堂实践】

假设你是出版社的一名图书推销员，请向一位同学/老师推销本书。

【课后作业】

1. 回顾课堂内容，预习下周内容。

2. 罗列自己在沟通方面的优势和劣势，并给出初步的解决方案。

【推荐影视】

电影《当幸福来敲门》（*The Pursuit of Happyness*，2006）

剧集《豪斯医生》（*House M.D.*，2004—2012）

【延伸阅读】

沟通方法十条

1. 与人沟通永远不嫌迟。

2. 在沟通过程中，知识并不一定永远是智慧，仁慈不一定永远是正确，同情不一定永远是了解。

3. 负起沟通成功的全部责任。

4. 用别人的观点来分析自己。

5. 听取真理，说出真理。

6. 对于听到的每件事，都以开放的心态加以验证。

7. 对于每个问题，都要考虑到它的积极面与消极面，并追求积极的一面。

8. 检讨一下自己，看看是否能够轻易、正确地改变你所扮演的角色。

9. 暂时退出你的生活圈子，考虑一下：究竟是哪种人吸引你？你又要吸引什么样的人？他们是不是属于同一类型？你是否吸引胜利者？你所吸引的人是否比你更为成功？为什么？

10. 发展你神奇的“轻抚”。

第三周　有声语言表达技巧

教学内容

普通话概述；发音技巧；发声技巧；表达技巧。

教学学时

理论学时2学时，实践学时2学时，共计4学时。

教学目的

通过理论讲授，使学生基本了解普通话的定义、作用以及其与方言的关系；通过实践训练，使学生大致掌握声母、韵母、声调、语流音变等发音技巧，喉部控制、气息控制、口腔控制、共鸣控制等发声技巧，内在语、停连、重音、语气、节奏等表达技巧。

教学重点

发音技巧；发声技巧；外部技巧。

教学要求

1. 布置课前预习，浏览教材内容。
2. 理论讲授少而精，课堂互动巧而优。
3. 选择经典音视频，讲解教学重难点。
4. 结合丰富典型案例，指导有效实践训练。
5. 布置适量课后作业，融会贯通课堂内容。

教学模式

理论讲授+实践训练

第一节 普通话概述

一、有声语言

（一）语言

1.语言的含义

有声语言，简称语言，从其本质属性上来看，是人类特殊的社会现象。它为全体社会成员服务，既是思想的现实，也是交际的工具。语音、词汇、语法构成了语言的三要素，其中语音是物质外壳，词汇是组合项目，语法是结构规律，三者存在于“语言”这一共同体中。

2.语言的系统

有声语言是音义结合的符号系统，其声音和意义是紧密联系在一起的。能够代表或指称现象的语言符号必须是形式和意义的结合，但这二者之间没有必然的联系，而是社会约定俗成的；一旦经过约定俗成进入交际之后，音、义、符号规则/语法等便对使用者具有强制性，不得随意更改。

3.语言的特征

有声语言符号系统具有明晰性、开放性、传授性等特征，是人类所特有的，也是其他动物和人类之间无法逾越的鸿沟。而要掌握语言必须要有抽象思维的能力和发音的能力；语言环境对潜在的语言能力变为现实的语言能力或者维持已经具备的语言能力都起着决定性的作用。

4.语言的作用

由有声语言的含义可以看出，其最重要的作用便是交际沟通。人类使用语言传递信息、传达情感、传播思想。可以说，有声语言是最简便、最迅捷和最灵活的信息载体。对于沟通者而言，有声语言是进行沟通的、最为重要的形式载体，除一些书面沟通形式之外，绝大部分沟通情境需要有声语言的参与。

（二）语音

1. 语音的定义

语音是指语言的声音，是语言符号系统的载体，是人类发音器官发出来的、具有一定意义的、能起社会交际作用的声音。

2. 语音的四要素

语音四要素是指音高、音长、音强、音色/音质。

二、普通话

《中华人民共和国宪法》第十九条规定：国家推广全国通用的普通话。

《中华人民共和国国家通用语言文字法》规定：普通话是国家通用语言。

（一）普通话的定义

普通话是以北京语音为标准音，以北方方言为基础方言，以典范的现代白话文著作为语法规范的现代汉民族共同语。《中华人民共和国宪法》明确规定国家推广全国通用的普通话，由此，普通话不仅是现代汉民族共同语，还是中华人民共和国各民族通用语言。

（二）普通话的作用

1. 宏观

普通话是标准语、通用语，在增进人民交往、促进地区交流、维护国家统一、捍卫文化安全等方面具有重要作用。

2. 微观

在各种具体沟通情境中，普通话无疑是沟通几方共同使用的语言，其与表达的清晰、简洁、准确、有效有着密不可分的关系，对于沟通的效果具有决定性的影响。同时，发音吐字清晰、词汇语法规范、表达精准到位的普通话，也是沟通者重要的形象名片，是有效沟通、实现目标的重要利器。

（三）普通话的语音

1. 普通话的音节

音节是指语音中的最小结构单位。普通话中一个汉字字音就是一个音节，是从听觉上感受到的最自然的单位。

普通话音节由声母、韵母、声调构成，声、韵、调即为普通话音节三要素。

2. 普通话的语流音变

语流音变是指在语流中，音位和音位相组合的时候，或由于受相邻音位的影响，或由于说话时高低、快慢、强弱的不同，发音产生不同变化的现象，也称联合音变。

普通话常见的语流音变类型有轻声、儿化、轻重格式、“啊”的音变、上声变调、“一”的变调、“不”的变调等。

（四）普通话的发声

1. 科学发声的作用

“工欲善其事，必先利其器。”科学用声是进行有声语言表达的重要基础。对于沟通者而言，虽然不必如播音员主持人一样经年累月刻苦磨炼而达到专业水准，但是在沟通中如能科学用声，使声音清晰准确、流畅圆润、虚实结合、层次丰富，并且能够较长时间用声而不疲劳，也必然能为沟通带来有效助益。

2. 科学发声的内容

科学发声技巧大致包括语音形成与喉部控制、呼吸原理与气息控制、吐字归音与口腔控制、共鸣器官与共鸣控制、声音弹性与情声气合等内容。

三、方言

（一）方言的定义

方言是局部地区的人所使用的语言，主要有地域方言和社会方言两大类别，一般所说“方言”即地域方言。

（二）方言的分区

比较常见的方言分区是将中国分为七大方言区，即北方方言区、吴方言区、湘方言区、赣方言区、客家方言区、闽方言区、粤方言区。值得注意的是，由于中国地域的广大和方言的复杂，方言区的划分并非一家之言。比如，闽南和闽北的方言之间基本不能通话，可以看作两个方言区；山西部分地区方言与江淮官话有入声，不同于北方方言区的其他官话，因此也将其单列为晋方言与江淮方言。

四、普通话和方言的关系

推广普通话不是禁绝和消灭少数民族语言和方言，而是要消除交际中的隔阂。方言有其特定的交际价值和文化价值，也是普通话的重要营养，语言生活应是主体化和多样化的结合。

值得注意的是，在正式的沟通情境中，一般情况下必须使用普通话，这是常识，偶有特殊情况并非普遍现象。沟通者应努力学好、说好普通话，为“走遍天下都不怕”做好准备。

【课堂讨论】

你的家乡方言属于哪个方言区？你的普通话与方言是否标准？如何看待普通话和方言的关系？

第二节　发音技巧

一、声母及发音技巧

（一）声母的定义

声母是指普通话音节开头的辅音，可以分为辅音声母和零声母两类。

（二）声母的发音技巧

1. 双唇音 b、p、m

发音时双唇自然紧闭，避免双唇向内裹咬形成裹唇。

【课堂实践】

摆布　包庇　爬坡　澎湃　麻木　茂密

2. 唇齿音f

发音时唇齿间自然形成缝隙，避免用力咬唇。

【课堂实践】

芬芳　丰富

3. 舌尖前音z、c、s

舌尖前部抵住上齿背，可向后略靠上齿龈，但不可向前进入上下齿之间形成齿间音。

【课堂实践】

造作　总则　残存　参差　撕碎　酸笋

4. 舌尖中音d、t、n、l

舌尖中部应抵住上齿龈上齿背交界处，若靠后发音会造成事实发音部位成为舌尖后部与硬腭，成音便会带有翘舌色彩，含混不清。

在不少方言中n和l不分或与普通话发音相反，应注意发鼻音n时较边音l舌体用力更大，舌体堵住口腔通路将气流从鼻腔挤出，而发边音l时舌体较为放松，气流由舌体两边缝隙流出。

【课堂实践】

跌宕　顶端　抬头　天庭　牛奶　袅娜　勒令　凛冽

5. 舌尖后音zh、ch、sh、r

一方面，发音时舌尖后部抵住上齿龈，可向后略靠硬腭前部，但不可太靠后，否则舌尖背面与硬腭形成阻碍，实际发出的音成为卷舌音，便不再是普通话的翘舌音了。另一方面，发音时注意巧用舌部力量，即舌体两边略向舌体中央卷翘，同时舌尖翘起，避免因舌部无力发成舌叶音。

【课堂实践】

战争　追债　惆怅　春潮　少数　闪烁　仍然　软弱

6. 舌面音j、q、x

发音时舌尖自然下垂，不接触上下齿，舌面前部需隆起，否则易发出z、c、s音，即尖音现象。

整体而言，尖音现象比较普遍，可以按照双唇、唇齿、舌尖前、舌尖中、舌尖后、舌面、舌根的顺序反复发辅音声母，体会发音部位从前到后的不同，舌尖前音和舌面前音便能自然区分开。

【课堂实践】

基金　窘境　恰切　亲情　西夏　香薰

7. 舌根音g、k、h

这一组为清辅音，发音时声带不振动，注意方言浊音的影响。发h音时避免摩擦太重产生咯痰音。

【课堂实践】

改观　高贵　刻苦　矿坑　后悔　鸿鹄

二、韵母及发音技巧

（一）韵母的定义

韵母是指普通话音节声母之后的部分，可以分为单韵母、复韵母和鼻韵母三类。

（二）韵母的发音技巧

1. 单元音韵母i、ü、u、o、e、ɑ

发i时口腔通路最窄，容易导致出现摩擦音，要练习控制口腔开度和舌头力度。ü与i舌位一致，只是唇形变圆。u唇形最圆，与i、ü相较舌体略后缩。o是单元音，不要发成uo。e与o舌位一致，不圆唇。ɑ有多个音位变体，应注意区分。

【课堂实践】

泥地　体力　序曲　语句　部署　粗俗　薄膜　泼墨　可乐　舍得

爸妈　拉萨

2. 特殊元音韵母-i(前)、-i(后)、er、ê

i在z、c、s之后被称为舌尖前元音，在zh、ch、sh、r之后被称为舌尖后元音，应注意和i的发音有着明显差异。应注意er是卷舌音，不是翘舌音，舌部有一定的卷曲才能发音准确，去声字时因受高降调的影响，舌位会由低到高形成一个动程。语气元音ê只单独用作语气词“欸”“诶”，实际读音接近ei。

【课堂实践】

知识　赤日　字词　四肢　而且　耳朵　二胡

3. 复元音韵母

复元音韵母简称复韵母，即由二合元音或三合元音充当音节韵母。普通话共有13个复韵母，包括4个前响二合复元音韵母ai、ei、ao、ou，5个后响二合复元音韵母ia、ie、ua、uo、üe，4个中响三合复元音韵母iao、iou、uai、uei。

重点注意ao实际发音为au，归音时圆唇；iou在音节中缩写作iu，uei在音节中缩写作ui，发音时不能忽略韵腹。

【课堂实践】

白菜　奶盖　蓓蕾　黑莓　报道　吵闹　欧洲　筹谋　掐架　下压

乜斜　趔趄　娃娃　刮花　懦弱　蹉跎　约略　雀跃　缥缈　叫嚣

久留　优秀　外快　摔坏　葳蕤　退税

4. 鼻韵母

鼻韵母是指由鼻音作为韵尾的韵母。普通话共有16个鼻韵母，包括8个前鼻音韵母an、en、ian、in、uan、uen、üan、ün，8个后鼻音韵母ang、eng、iang、ing、uang、ueng、ong、iong。

发前鼻音时，舌尖中部应轻捷有力地抵住上齿背上齿龈交界处，舌体迅速堵住口腔通路发出鼻音；发后鼻音时，舌体应后缩靠近软腭，可放慢动程向后靠，拉长音长，并拉开与前鼻音的距离。

【课堂实践】

斑斓　犯难　肮脏　帮忙　门诊　根本　更正　逞能　演变　偏见

踉跄　洋相　濒临　亲近　冰凌　评定　短款　转换　状况　双簧
温润　困顿　老翁　小瓮　动工　松茸　穷窘　汹涌　全捐　轩辕
均匀　逡巡

三、声调及发音技巧

（一）声调的定义

声调是指具有区别音节意义的音高。普通话的四个声调阴平 ˉ 、阳平 ˊ 、上声 ˇ 、去声 ˋ 调号来源于五度标记法，调值分别为55、35、214、51。普通话音节不能没有声调。

（二）声调的发音技巧

阴平声音高起平走并保持；阳平声音中起升高；上声声音半低起先慢慢降低再快升半高，两边高中间低而不是两边低中间高；去声声音高起速降，最为短促。

【课堂实践】

歌　烟　格　言　葛　演　个　艳

四、轻声及发音技巧

（一）轻声的定义

轻声是指普通话音节失去原有声调而变成的一种又轻又短的调子的现象，又称轻化。轻声具有区别词义、区分词性、辨别词和短语等语法作用。

（二）轻声的发音技巧

语气词、助词、量词、名词后缀、动词后缀、叠音词的重叠部分、夹在叠音动词与形容词中“一”和“不”、约定俗成的习惯等情况下必读轻声。

【课堂实践】

地方—地方　地道—地道　东西—东西
喇叭　灯笼　粮食　事情

五、儿化及发音技巧

（一）儿化的定义

儿化是指普通话中本自成音节的er作为一个音素与前一个音节的韵母结合使之成为卷舌韵母的现象，又称儿化音、儿化韵。儿化具有区别词义、区分词性等语法作用，亦能表示形状微小或喜爱、亲切等色彩。

（二）儿化的发音技巧

韵腹或韵尾为u、o、e、ɑ时、韵母为i、ü时直接卷舌；韵尾为i、n时去掉韵尾后卷舌，韵母为in、ün、-i（前）、-i（后）时去掉韵母后卷舌；韵尾为ng时去掉韵尾使主要元音鼻化后卷舌，韵母为ing时去掉韵尾使主要元音鼻化后卷舌。

【课堂实践】

头—头儿　盖—盖儿　棍—棍儿　毛驴—毛驴儿

泪珠儿　粉末儿　唱歌儿　号码儿　垫底儿　小曲儿　名牌儿

心眼儿　脚印儿　合群儿　瓜子儿　墨汁儿　药方儿　蛋清儿

六、轻重格式及规律

（一）轻重格式的定义

轻重格式是指普通话多音节词每个音节之间约定俗成的轻重强弱的差别，一般划分为重、中、轻三级。

（二）轻重格式的规律

双音节词轻重格式有中重、重中、重轻三种，中重格式占优势，重轻格式即为轻声；三音节词轻重格式主要有中中重、中轻重、中重轻三种；四音节词轻重格式主要有中重中重、重中中重、中轻中重三种。

（三）轻重格式的选择

和轻声、儿化一样，轻重格式也是判定普通话标准与否的重要指标，也是很多方言区的人说好普通话的障碍，必须多听、多练，培养正确的语感。

值得注意的是，当词语的轻重格式与重音相冲突时，应当以重音为核心，轻重格式服从重音、服务重音。

【课堂实践】

中重：宝贵　牡丹　年轻　辣条

重中：作家　素淡　堕落　浪漫

中中重：播音员　贫困县　电视剧　主持人

中轻重：保不齐　谈得来　冷不防　吃不消

中重轻：菜篮子　打交道　癞蛤蟆　糖葫芦

中重中重：半斤八两　面黄肌瘦　南腔北调　龙飞凤舞

重中中重：门可罗雀　责无旁贷　劳而无功　席卷天下

中轻中重：拖拖拉拉　嘻嘻哈哈　慌里慌张　唠里唠叨

公路—铁路　浮雕—圆雕

七、“啊”的音变及规律

（一）“啊”的音变的定义

“啊”的音变是指语气词“啊”出现于句尾时，受前一音节韵腹/韵尾的影响发生语流音变的现象。

（二）“啊”的音变的规律

前音节韵腹/韵尾为i、ü、a时，“啊”变读为“呀”；前音节韵尾为n时，“啊”变读为“哪”；前音节韵腹/韵尾为u时，“啊”可变读为“哇”或不变；前音节韵腹/韵尾为o、e时，“啊”可变读为“呀”或不变。

【课堂实践】

真可爱（啊）呀！　多聚聚（啊）呀！　是他（啊）呀！　开门（啊）哪！

多好啊！　真多啊！　好渴啊！　快写啊！　快吃啊！　行不行啊！

八、上声变调及规律

（一）上声变调的定义

上声变调是指上声音节在单发或处于词尾句末时为原调，而处于阴平、阳平、上声、去声音节前发生变调的现象。

（二）上声变调的规律

上声处于阴平/阳平/去声前，调值由214变为211，称为“半上”；处于上声前，调值由214变为35，与阳平相似，成为“阳上”；三个上声相连，应当先分辨是单双式或双单式，再按要求变调。

【课堂实践】

北京　普通　粉红　女郎　怎样　请示　宝岛　古老

党小组　纸老虎　展览馆　演讲稿　甲乙丙　孔乙己

九、“一”的变调及规律

（一）“一”的变调的定义

“一”的变调是指“一”在单发、作为序数、处于词尾句末或一些固定词组中时为原调，而处于阴平、阳平、上声、去声音节前以及夹在叠音动词之间发生变调的现象。

（二）“一”的变调的规律

“一”处于阴平、阳平、上声音节前变为去声51，处于去声音节前变为阳平35，夹在叠音动词中为轻声。

【课堂实践】

一　第一　表里如一　整齐划一　一来二去　一五一十

一天　一只　一年　一群　一秒　一起　一次　一致

说一说　玩一玩

十、“不”的变调及规律

（一）“不”的变调的定义

“不”的变调是指“不”在单发、处于词尾句末或阴平、阳平、上声音节前时为原调，而处于去声音节前以及夹在叠音动词/形容词中发生变调的现象。

（二）“不”的变调的规律

“不”处于去声音节前变为阳平35，夹在叠音动词/形容词中为轻声。

【课堂实践】

不　决不　偏不　不争　不平　不好　不错　不但

去不去　多不多

第三节　发声技巧

一、喉部控制

（一）喉部控制的要求

放松发声法要求喉头相对稳定且相对放松，肺部呼出较小的气流使声带振动，能够提高发音效率；声音通畅、泛音丰富，音色丰满柔和，能够较长时间地发出圆润的声音而不觉疲劳；能够使声门灵活开闭，声音虚实变化自如，富于表现力。

（二）喉部控制的技巧

1. 问题表现

提喉/挤喉是指平时说话声音较低沉而在一些场合故意抬高音调或者为固有捏嗓说话习惯，导致泛音较少、声音单薄、疏于变化、不够自然。女生中多见。

压喉是指时平时说话声音较脆亮而在一些场合故意压低音调或者为固有说话习惯，导致声音过低、声带疲劳，甚至病变。男生中多见。

2.训练技巧

发“啊”音或“咿”音，螺旋式上绕、下绕，或者阶梯式上行、下行，从当前所能发的最低音到最高音，且须是完整的音而非破音，找到自己发得最舒服同时也是听者听得最舒服的位置，以此为高低的平衡轴，根据表达内容在此平衡轴上下浮动。

【课堂实践】

发螺旋音、阶梯音训练。

二、气息控制

（一）气息控制的要求

气息控制要求以胸腹联合呼吸为基础，拥有稳定的气息压力、持久的控制能力、灵活的补气技巧、迅捷的无声呼吸，做到气出如流、源源不竭、气随情动、情声气合。

（二）气息控制的技巧

气息应做到快吸慢呼、稳健均匀。以膈肌弹发感受胸腹联合呼吸以及气沉丹田、小腹的枢纽作用。

【课堂实践】

从容吸气，如闻花香，感受两肋扩张、小腹渐紧，控制3秒钟后慢慢呼气。

缓缓呼气，如吹蜡烛但不致火苗熄灭，感受气息均匀、稳健地呼出。

弹发“嘿”“哈”等音，感受气沉丹田、小腹枢纽作用，注意不可用力过猛，以免加重喉部负担。

三、口腔控制

（一）口腔控制的要求

口腔控制主要集中于吐字归音，要求是准确规范、清晰流畅，如珠如串、轻流轻弹，集中有力、变化自如。若将一个音节看成一个两头小中间大的枣核，字头和字尾在两头，中间最饱满的是字腹，“枣核形”是吐字归音的形象要求。

在正式沟通场合，音高应在一个半八度以上为佳，比日常说话高一些；强度不高、幅度不大，整体平稳但应层次丰富；力求在每一个音位区域内让发音尽量准确清晰、优美动听，并根据具体需要进行细节的变化处理；音长比日常说话略长一些，但应根据沟通的具体需要灵活处理音节长短/疏密的变化。

（二）口腔控制的技巧

第一，打开口腔：提起颧肌，挺起软腭，打开牙关，放松下巴。

第二，集中力量：唇中部三分之一处聚力，舌体呈收势并前后用力。

第三，明确走向：声音发出的路径沿着软腭、硬腭中纵线推向硬腭前部，声挂前腭。

【课堂实践】

口部操：弹唇、撮唇、噘唇、绕唇、弹舌、顶舌、绕舌、立舌等。

绕口令（唇部力度）：八百标兵奔北坡，炮兵并排北边跑，炮兵怕把标兵碰，标兵怕碰炮兵炮。

绕口令（舌部力度）：调到敌岛打特盗，特盗太刁投短刀，挡推顶打短刀掉，踏盗得刀盗打倒。

四、共鸣控制

（一）共鸣控制的要求

共鸣控制要求在沟通中做到字音清晰、表意准确、发声自然、语音朴实。

（二）共鸣控制的技巧

共鸣器官主要包括胸腔、喉腔、咽腔、口腔、唇腔、鼻腔、头腔等腔体。口腔共鸣是沟通交际最重音的共鸣方式，应打开口腔、增加共鸣。

【课堂实践】

绕口令（口腔开度）：哥挎瓜筐过宽沟，过沟筐漏瓜滚沟，隔沟够瓜瓜筐扣，瓜滚筐空哥怪沟。

五、声音弹性

（一）声音弹性的要求

声音弹性是指声音随着思想感情运动而变化的能力。需要沟通者根据沟通情境的需要灵活把握。

（二）声音弹性的获得

声音弹性大致可分为高低、强弱、实虚、快慢、松紧等单一声音要素对比以及刚柔、纵收、厚薄、明暗等融合声音要素对比，应在对比中实现声音的变化与表达的准确。

【课堂实践】

古诗词（高低）:（低）待到秋来九月八,（次低）我花开后百花杀。（次高）冲天香阵透长安,（高）满城尽带黄金甲。

第四节　表达技巧

表达技巧大致可以分为内部技巧与外部技巧。内部技巧是思想感情的运动，沟通情境下主要涉及内在语；外部技巧是具体的表达方法，主要涉及停连、重音、语气、节奏等方面。

一、内部技巧

（一）内在语的定义

内在语是指语言中不便表露、不能表露或没有完全表露出来的语句关系和语句本质。

（二）内在语的作用

内在语是语句目的的集中体现。在各种沟通情境中，需要看出/听出沟通对象的文字/语言中所蕴含的深层含义，在表达时也应根据需要灵活设置内在语，为在沟通中争取主动、赢得先机、获得优势、实现目标打下基础。

（三）内在语的类型

内在语大致包括发语型、寓意型、关联型、提示型、回味型、反语型等类型。在沟通中，寓意型内在语出现频率较高。

（四）内在语的确定

内在语是表达内容的集中概括，首先应从整体上把握、确定内在语；其次应在内容重点以及理解难点中确定内在语，挖掘语句的深层含义，并准确判断具体的态度、分寸。

【课堂实践】

孔乙己是站着喝酒而穿长衫的唯一的人。

“友邦人士，莫名惊诧，长此以往，国将不国”了！

二、外部技巧

（一）停连

1. 停连的定义

在沟通中，那些为表情达意的需要所做的声音的中断、休止就是停顿，反之，那些不中断、不休止，特别是有标点符号而不中断、不休止的地方就是连接。

2. 停连的类型

停连大致包括呼应型、区分型、并列型、分合型、强调型、判断型、转换型、生理型、回味型、灵活型等类型。在沟通中，强调型停连出现频率较高，为提请沟通对象注意，会加快连接或长时停顿。

3. 停连的原则

标点符号是参考，语法关系是基础，情感表达是根本。

【课堂实践】

无鸡鸭也可无鱼肉也可一盘青菜不可

（二）重音

1. 重音的定义

在沟通中，根据语句目的、思想感情需要而加以强调的词或短语就是重音。

【课堂实践】

我请你跳舞。（请你跳舞的不是别人）

我请你跳舞。（怎么样，给面子吧？）

我请你跳舞。（不请别人）

我请你跳舞。（不是请你唱歌）

2. 重音的类型

重音大致包括突出语意区别、突出句子关系、突出修辞色彩等类型。在沟通中，重音都是为了强调重要性并提请沟通对象注意。

3. 重音的表达

重音不一定就是重读，运用强弱、快慢、虚实等对比的方法可以有效突出重音。整体要求加强对比、协调适当、讲究变化、切忌呆板。

【课堂实践】

两年前的此时，即一九三一年的二月七日夜或八日晨，是我们的五个青年作家同时遇害的时候。当时上海的报章都不敢载这件事，或者也许是不愿，或不屑载这件事……

（三）语气

1. 语气的定义

语气是指思想感情运动状态支配下语句的声音形式，应表达出逻辑意味与交流意味。语气的感情色彩和分量是语气的灵魂，语气的声音形式是语气的形象。

2. 语气的类型

语言的态势大致包括波峰型、波谷型、上山型、下山型、半起型等类型，在沟通中应根据需要恰当选择合适的语势。

【课堂实践】

乔治·华盛顿是美利坚合众国的第一任总统。

让暴风雨来得更猛烈些吧！

3. 语气的确定

从宏观而言，语气应符合历史发展方向、传统文化精粹、真善美的标准以及大众传播或人际传播的规律；从微观而言，语气应符合沟通情境的具体需要以及沟通几方的接受程度。

（四）节奏

1. 节奏的定义

节奏是指由具体沟通内容生发出来的、沟通者思想感情波澜起伏所造成的抑扬顿挫、轻重缓急的声音形式的回环往复。

2. 节奏的类型

节奏大致包括高亢型、舒缓型、紧张型、轻快型、凝重型、低沉型等类型。沟通时应将几种节奏相互交叉渗透、灵活使用，语气和节奏的核心都是运动变化。

3. 节奏的表达

在沟通中，节奏表达应做到欲慢先快、欲快先慢，欲扬先抑、欲抑先扬，欲重先轻、欲轻先重，欲高先低、欲低先高，欲停先连、欲连先停，凸显对比，控纵有节。

【课堂讨论】

你有哪方面的语音问题、表达问题？准备如何改进？

【课后作业】

1. 回顾课堂内容，预习下周内容。

2. 思考语气和节奏有什么不同，并形成简要的文字。

【推荐书目】

张颂《朗读学（第3版）》（中国传媒大学出版社，2010）

徐恒《播音发声学（修订版）》（中国传媒大学出版社，2012）

【延伸阅读】

普通话水平测试必读轻声词语表

爱人	案子	巴掌	靶子	把子	爸爸	白净	班子	板子	帮手
梆子	膀子	棒槌	棒子	包袱	包涵	包子	豹子	杯子	被子
本事	本子	鼻子	比方	鞭子	扁担	辫子	别扭	饼子	拨弄
脖子	簸箕	补丁	步子	部分	裁缝	财主	苍蝇	差事	柴火
肠子	厂子	场子	车子	称呼	池子	尺子	虫子	绸子	除了
锄头	畜生	窗户	窗子	锤子	刺猬	凑合	村子	耷拉	答应
打扮	打点	打发	打量	打算	打听	大方	大爷	大夫	带子
袋子	耽搁	耽误	单子	胆子	担子	刀子	道士	稻子	灯笼
提防	笛子	底子	地道	地方	弟弟	弟兄	点心	调子	钉子
东家	东西	动静	动弹	豆腐	豆子	嘟囔	肚子	缎子	对付
对头	队伍	多么	蛾子	儿子	耳朵	贩子	房子	份子	风筝
疯子	福气	斧子	盖子	甘蔗	杆子	干事	杠子	高粱	膏药
稿子	告诉	疙瘩	哥哥	胳膊	鸽子	格子	个子	根子	跟头
工夫	弓子	公公	功夫	钩子	姑姑	姑娘	谷子	骨头	故事
寡妇	褂子	怪物	关系	官司	罐头	罐子	规矩	闺女	鬼子
柜子	棍子	锅子	果子	蛤蟆	孩子	含糊	汉子	行当	合同
和尚	核桃	盒子	红火	猴子	后头	厚道	狐狸	胡琴	糊涂
皇上	幌子	胡萝卜	活泼	火候	伙计	护士	机灵	脊梁	记号
记性	夹子	家伙	架势	架子	嫁妆	尖子	茧子	剪子	见识
毽子	将就	交情	饺子	叫唤	轿子	结实	街坊	姐夫	姐姐
戒指	金子	精神	镜子	舅舅	橘子	句子	卷子	咳嗽	客气
空子	口袋	口子	扣子	窟窿	裤子	快活	筷子	框子	困难

阔气	喇叭	喇嘛	篮子	懒得	浪头	老婆	老实	老爷	老子
姥姥	累赘	篱笆	里头	力气	厉害	利落	利索	例子	栗子
痢疾	连累	帘子	凉快	粮食	料子	林子	翎子	领子	溜达
聋子	笼子	炉子	路子	轮子	萝卜	骡子	骆驼	妈妈	麻烦
麻利	麻子	马虎	码头	买卖	麦子	馒头	忙活	冒失	帽子
眉毛	媒人	妹妹	门道	眯缝	迷糊	面子	苗条	苗头	名堂
名字	明白	蘑菇	模糊	木匠	木头	那么	奶奶	难为	脑袋
脑子	能耐	你们	念叨	念头	娘家	镊子	奴才	女婿	暖和
疟疾	拍子	牌楼	牌子	盘算	盘子	胖子	狍子	盆子	朋友
棚子	脾气	皮子	痞子	屁股	片子	便宜	骗子	票子	漂亮
瓶子	婆家	婆婆	铺盖	欺负	旗子	前头	钳子	茄子	亲戚
勤快	清楚	亲家	曲子	圈子	拳头	裙子	热闹	人家	人们
认识	日子	褥子	塞子	嗓子	嫂子	扫帚	沙子	傻子	扇子
商量	上司	上头	烧饼	勺子	少爷	哨子	舌头	身子	什么
婶子	生意	牲口	绳子	师父	师傅	虱子	狮子	石匠	石榴
石头	时候	实在	拾掇	使唤	世故	似的	事情	柿子	收成
收拾	首饰	叔叔	梳子	舒服	舒坦	疏忽	爽快	思量	算计
岁数	孙子	他们	它们	她们	台子	太太	摊子	坛子	毯子
桃子	特务	梯子	蹄子	挑剔	挑子	条子	跳蚤	铁匠	亭子
头发	头子	兔子	妥当	唾沫	挖苦	娃娃	袜子	晚上	尾巴
委屈	为了	位置	位子	蚊子	稳当	我们	屋子	稀罕	席子
媳妇	喜欢	瞎子	匣子	下巴	吓唬	先生	乡下	箱子	相声
消息	小气	小子	笑话	谢谢	心思	星星	猩猩	行李	性子
兄弟	休息	秀才	秀气	袖子	靴子	学生	学问	丫头	鸭子
衙门	哑巴	胭脂	烟筒	眼睛	燕子	秧歌	养活	样子	吆喝
妖精	钥匙	椰子	爷爷	叶子	一辈子	衣服	衣裳	椅子	意思
银子	影子	应酬	柚子	冤枉	院子	月饼	月亮	云彩	运气
在乎	咱们	早上	怎么	扎实	眨巴	栅栏	宅子	寨子	张罗

丈夫 帐篷 丈人 帐子 招呼 招牌 折腾 这个 这么 枕头
镇子 芝麻 知识 侄子 指甲 指头 种子 珠子 竹子 主意
主子 柱子 爪子 转悠 庄稼 庄子 壮实 状元 锥子 桌子
字号 自在 粽子 祖宗 嘴巴 作坊 琢磨 不由得 不在乎
小伙子 老太太 老头子 两口子

普通话水平测试儿化词语表

刀把儿 号码儿 戏法儿 在哪儿 找碴儿 打杂儿 板擦儿 名牌儿
鞋带儿 壶盖儿 小孩儿 加塞儿 快板儿 老伴儿 蒜瓣儿 脸盘儿
脸蛋儿 收摊儿 栅栏儿 包干儿 笔杆儿 门槛儿 药方儿 赶趟儿
香肠儿 瓜瓤儿 掉价儿 一下儿 豆芽儿 小辫儿 照片儿 扇面儿
差点儿 一点儿 雨点儿 聊天儿 拉链儿 冒尖儿 坎肩儿 牙签儿
露馅儿 心眼儿 鼻梁儿 透亮儿 花样儿 脑瓜儿 大褂儿 麻花儿
笑话儿 牙刷儿 一块儿 茶馆儿 饭馆儿 火罐儿 落款儿 打转儿
拐弯儿 好玩儿 大腕儿 蛋黄儿 打晃儿 天窗儿 烟卷儿 手绢儿
出圈儿 包圆儿 人缘儿 绕远儿 杂院儿 刀背儿 摸黑儿 老本儿
花盆儿 嗓门儿 把门儿 哥们儿 纳闷儿 后跟儿 别针儿 一阵儿
走神儿 大婶儿 杏仁儿 刀刃儿 钢镚儿 夹缝儿 脖颈儿 提成儿
半截儿 小鞋儿 旦角儿 主角儿 跑腿儿 一会儿 耳垂儿 墨水儿
围嘴儿 走味儿 打盹儿 胖墩儿 砂轮儿 冰棍儿 没准儿 开春儿
小瓮儿 瓜子儿 石子儿 没词儿 挑刺儿 墨汁儿 锯齿儿 记事儿
针鼻儿 垫底儿 肚脐儿 玩意儿 有劲儿 送信儿 脚印儿 花瓶儿
打鸣儿 图钉儿 门铃儿 眼镜儿 蛋清儿 火星儿 人影儿 毛驴儿
小曲儿 痰盂儿 合群儿 模特儿 逗乐儿 唱歌儿 挨个儿 打嗝儿
饭盒儿 在这儿 碎步儿 没谱儿 梨核儿 泪珠儿 有数儿 果冻儿
门洞儿 胡同儿 抽空儿 酒盅儿 小葱儿 小熊儿 红包儿 灯泡儿
半道儿 手套儿 跳高儿 叫好儿 口罩儿 绝着儿 口哨儿 蜜枣儿
鱼漂儿 火苗儿 跑调儿 面条儿 豆角儿 开窍儿 衣兜儿 老头儿

年头儿　小偷儿　门口儿　纽扣儿　线轴儿　小丑儿　加油儿　顶牛儿
抓阄儿　棉球儿　火锅儿　做活儿　大伙儿　邮戳儿　小说儿　被窝儿
耳膜儿　粉末儿　小人儿书　高跟儿鞋　儿媳妇儿

第四周　无声非语言表达技巧

教学内容

无声非语言概述；体态语言表达技巧；物化语言表达技巧。

教学学时

理论学时2学时，实践学时2学时，共计4学时。

教学目的

通过理论讲授，使学生基本了解无声非语言的含义、作用、类型、原则以及体态语言、服饰语言、妆发语言的基本内容；通过实践训练，使学生大致掌握体态语言、服饰语言、妆发语言的表达技巧。

教学重点

体态语言的规范；体态语言的表达；服饰语言的表达。

教学要求

1. 布置课前预习，浏览教材内容。
2. 理论讲授少而精，课堂互动巧而优。
3. 选择经典音视频，讲解教学重难点。
4. 结合丰富典型案例，指导有效实践训练。
5. 布置适量课后作业，融会贯通课堂内容。

教学模式

理论讲授+实践训练

第一节 无声非语言概述

一、无声非语言的含义

（一）沟通的符号系统

社会沟通的符号系统可以分为语言和非语言，而根据其表达方式又可以分为有声和无声两大类（见表4-1）。

表 4-1 沟通符号系统

	有声	无声
语言	有声语言符号 （说出来的话语）	无声语言符号 （写下来的文字）
非语言	有声非语言符号 （尖叫、口哨……）	无声非语言符号 （姿势、手势……）

（二）无声非语言的意义

对于沟通而言，语言无疑是主线，而这里的语言既包括有声语言，也包括无声非语言。在沟通过程中，很多下意识、无意识的无声非语言表现由于难以控制，更能展现有声语言背后的实质。

在沟通过程中，沟通者除有声语言之外的体态语言、物化语言、环境语言等无声非语言也是沟通对象视觉捕捉的一个重点，在特定情境下会具有特定的含义和作用，能表达特定的情感和态度，也能影响沟通对象的评价和选择。沟通者应当不断锤炼自己有声语言和无声非语言的技巧，努力实现二者的自然呈现、完美配合，为达成沟通目标助力。

二、无声非语言的作用

（一）展现个人风采

在沟通中，沟通者的有声语言主要表现的是综合素养，其服饰、妆容等则能展现自身的职业追求、审美取向，而手势、表情、眼神等则能起到辅助有声语言表达、强化沟通效果、凸显个性特征魅力等作用。

值得注意的是，无声非语言只是起锦上添花的辅助作用，不能只重视无声非语言而不重视有声语言，喧宾夺主会造成形式大于内容或分散沟通对象对表达内容的关注度，造成南辕北辙、适得其反的效果。

（二）展现组织风采

在正式沟通中，沟通者不仅代表个人，而且代表着其所在的单位、社团、组织甚至国家。有声语言可以传情达意，但对于整体、直观展现组织风采难度较大、效果难佳。因此，组织的特点、风格很多时候需要沟通环境设置以及沟通者的服饰、妆容等无声非语言来直观表现。

【课堂讨论】

对外交往中，无声非语言如何展现大国形象？

（三）提高沟通效率

在有限的沟通时间内，有声语言过密或过疏都不能达到最优的沟通效果。语言过密，会使得内容烦冗，让信息在表层就已经流失，甚至引起沟通对象的反感；语言过疏，则会显得节奏拖沓、缺乏诚意，同样不能引起沟通对象的关注。恰切的无声非语言表达可以在必要时留白或填空，平衡有声语言的节奏，提高沟通效率。

（四）优化沟通效果

在沟通过程中，沟通者除了要以有声语言和沟通对象交流，还应当注意对方的无声非语言表达，掌握无声非语言表达技巧能够更好地观察沟通对象，关注补充有声语言，表达深层含义，展现更多内容的细节，从而实现更有效的沟通。

三、无声非语言的类型

沟通中的无声非语言表达包括体态语言、物化语言和环境语言，在有声语言表达的同时可以进行补充、强化，以实现更好的沟通效果。

（一）体态语言

体态语言简称体态语，也叫身势语，是指利用身体姿势、肢体动作、面部表情等身体的姿态作为传递信息、交流感情的辅助工具的非语言符号。

体态语言是无声非语言的重要组成部分，也有将无声非语言直接称作体态语的，虽不够严谨，但也足见其重要性。

（二）物化语言

物化语言也叫客体语言，是指沟通者的服装、配饰、妆容、发型等。对于沟通尤其是正式沟通而言，物化语言也是必不可少的。

物化语言可以外化、直观展现沟通者的精神气质、审美取向、文化品位、艺术感受等内在隐性特质以及组织定位和诉求。对于物化语言既不能毫不在意、完全假手于人，也不能过分在意、本末倒置。

（三）环境语言

环境语言也叫空间语言，是沟通的环境或空间，既涉及室内空间、室外空间，也涉及沟通几方之间的距离以及和电子屏幕等道具、背景之间的相对空间位置等方面。

在不同的沟通情境中，具体的布景设置和空间安排都是具有不同含义的，是适应具体沟通需求的，也会给沟通对象产生暗示、提供信息。环境语言的不恰当、不合理，不仅会破坏沟通氛围，还会引导沟通对象走向曲解，影响沟通效果。

四、无声非语言的原则

有声语言表达需要遵循一定的规范，无声非语言表达同样要有基本的原则。沟通者应当有意识地不断完善自己的无声非语言表达，使其既能符合社会、组织等的要求，又能表达自我、形成风格。

（一）得体

恰切得体是无声非语言表达的首要标准。宏观而言，无声非语言要基本符合中华民族千百年来所沉淀的沉静、内敛的平和气质，不可过分夸张，分散沟通对象的注意力，影响信息的传达和沟通的效果；微观而言，沟通者要根据个人特质和沟通情境进行恰切无声非语言的表达，合情合理、适度添加，不能“为赋新词强说愁”。

（二）变通

沟通者所要面对的沟通情境纷繁复杂，对于沟通者的要求各不相同，无声非语言的表达也有各自的特点。沟通者应当根据不同的情境、不同的内容甚至不同的座位、距离，以丰富合宜、细致入微的无声非语言辅助、强化有声语言的表达。

（三）协调

无声非语言的协调大致包含三方面的内容。

一是指沟通者在运用无声非语言时自身的协调性，即表情、眼神、手势、动作等是否自然、和谐，既不能为了某个无声非语言元素的表达而故作姿态、生硬刻板，也不能“以一敌百”，以某一个或几个无声非语言元素应对所有的情况。

二是指无声非语言不同类别之间的协调，即体态语言、物化语言、环境语言之间的相互协调，应在同一层面展开表达，不能互不搭调、“自说自话”，否则只能让沟通显得突兀、违和。

三是指无声非语言和有声语言之间的协调，即无声非语言必须根据有声语言的内容进行适时适度、恰如其分的表达，否则不仅不能起到补充、强化的作用，反而可能会造成分散、弱化的结果。

（四）美感

无声非语言和有声语言一样，同样拥有不同的层面和空间。

第一层空间是信息传达，目的是让沟通对象接收信息，认知不同无声非语言背后的具体含义。

第二层空间是审美传达，需要沟通者的无声非语言不但恰切得体、灵活变通、自然协调，还要表达情感、展现美感，给人以美好、和谐的感受。

五、无声非语言的能力

无声非语言的能力有一部分是天生的，比如多年习惯成自然的体态语、对物化语言的天然审美感受等。但是面对不同沟通情境的具体要求，不管基础如何，都仍有提升、强化的空间，需要沟通者有意识地去学习和完善。

（一）理解感受力

一方面，沟通者要准确、深入地理解沟通内容，明确沟通目的，为无声非语言的运用提供正确、恰当的前提。

另一方面，无声非语言是对有声语言的辅助，沟通者应了解文化背景、时代特征、媒介环境、沟通情境、个人特质等都会对无声非语言的使用提出具体、明确的要求。

（二）观察判断力

沟通者应当具备细致入微的观察力，除了感受、分析沟通对象的有声语言表达，还应当注意其无声非语言的表现。很多时候，无声非语言会蕴含有价值的信息点，如果抓得恰当便会使沟通过程更和谐，沟通效果更好。

观察到无声非语言的细节还不够，还应做到正确判别。判断错误，结果便会大相径庭。判断力不仅来源于理解感受，还来源于知识文化底蕴、思想道德水准、审美品位、媒介素养等多个方面，是综合能力的表现。因此，沟通者应不断加强学习，提高综合素质。

（三）表现控制力

无声非语言的使用既有一定之规，也带有个人色彩。沟通者应当对自我有着清晰、准确、透彻的认识，能够在沟通中发掘自身特质，展现自我风格。一味模仿、盲目跟风是无法恰切表达自我、展现内容的，更遑论风格。

在沟通过程中，也会出现一些出乎预料、超出预期的状况，对于有声语言和无声非语言的控制就显得尤为重要。沟通者应进行积极的心理建设，不断丰富实践经验，有效应对突发状况，尽量减少和避免控制失当的情况。换言之，控制力也是表现力的一个重要组成部分，游刃有余的现场控制也会为沟通者的表现力加分。

第二节　体态语言表达技巧

一、形体的含义

（一）形体的定义

形体是指身体外在的存在形式和表现面貌的总称。

（二）形体的三要素

体形、体态、体态语构成了形体的三要素。体形是指身体的形状；体态是指身体的姿态；体态语是指利用身体姿势、肢体动作、面部表情等身体的姿态作为传递信息、交流感情的辅助工具的非语言符号。

（三）形体的特征

1.外化表现性

形体是一个人生活经历、成长环境、价值观念、审美取向、心理状态、品性修养以及受教育程度等综合因素的外化。因此，常用“听其言，观其行”来判断一个人。

2.发展可塑性

形体是动态、发展的，生命不止，变化不停。同时，形体也是可塑的，自觉的、有针对性的训练可以在短期内明显改善形体面貌。

二、体态语言的规范

沟通者的体态语言应当遵循一定的基本规范，即大气挺拔、舒展大方、轻松自然、朴实端庄、朝气蓬勃、健康向上。具体而言，站姿、坐姿、蹲姿、步态等不同体态又有各自需要注意的地方。

（一）站姿

1. 基本体态要求

头部端正，下颌与地面保持水平，不要前仰或下压。

颈部拔起，与地面保持垂直，有“悬顶”的感觉，可头顶书本找感觉并进行练习。

躯干直立，腹肌、腰背部肌肉适当收缩，胸部自然挺起，也就是常说的“阔背”。

两肩下沉，后背要平，既不扣肩，也不夹肩。

两胯提起，臀部肌肉收缩上引，往里收，往上拔。

两腿伸直，腿部肌肉向上收紧，踝关节和膝关节向上提升。

两脚踩地，大脚趾、小脚趾、脚跟三点向下用力，要稳健。

2. 三组对抗力量

站姿需要注意三组对抗力量：一是脊柱、头部向上的力量和两肩下垂的力量适度对抗；二是收腹向后的力量和腰背部肌肉收缩向前的力量适度对抗；三是髋部、臀部、膝关节、踝关节向上的力量和脚掌向下的力量适度对抗。有这三组对抗力量拉伸，站姿会适度紧张并显得挺拔、有力。

3. 打破“三轴平行”

“三轴平行”是指两耳之间的头轴、两肩之间的肩轴、两髋之间的髋轴呈平行状，站姿会显得呆板僵硬。一般来说，会以身体稍侧、两肩一前一后的方式打破三轴平行，但应注意不能一高一低。整体应保持身体的控制感和向上的挺拔感，自然协调而不矫揉造作。

4. 手部动作要求

站姿还应注意手部的动作，一般来说两手自然下垂，也可轻扣于小腹处，正式沟通场合应避免将双手背在身后或是插进裤兜等随意行为。

【课堂实践】

站姿练习。

（二）坐姿

1.基本体态要求

在落座和起身时都应注意轻、稳、准。

坐时轻巧、从容、有控制。上半身的姿态与立姿要求基本一致，一是注意腰不能僵，也不能塌、不能挺；二是注意腰部的控制，防止身体松懈，避免趴坐或是瘫坐等状态。

2.手部动作要求

坐姿也应注意手部动作，双手一般自然置于桌上，需要时可拿笔或操作电脑等，伴随有声语言也可有微小动作，但幅度不宜过大。注意双肘自然向外撑开，避免夹得过紧而显得拘谨、小气。

【课堂实践】

坐姿练习。

（三）蹲姿

1.基本体态要求

在站姿的基础上屈腿、低腰即形成蹲姿。

屈腿，两脚分开一前一后，前脚全部着地，重心放在后脚上，后脚脚掌着地，脚跟抬起。低腰的同时，腰部有控制地向上用力，不要塌腰，状态要积极。

女性蹲姿需注意两腿并拢，男性则两腿略分。

2.具体使用情境

一般来说蹲姿较少使用，因为其位置低，在意义上比较消极。但在与小朋友或是正在田里劳作的农民沟通等情况时，需要采用蹲姿以显示平等、切近。

【课堂实践】

蹲姿练习。

（四）步态

步态是指行走姿态，除了要保持立姿的挺拔和端正，还要注意步履轻捷，移动正直、平稳，全身积极，动作协调。

两腿交替平直前移；两膝正对前方，不要内别或外翻；两臂自然前后摆动；挺胸抬头，两眼平视前方。

男性步幅不宜过小，女性步幅不宜过大。

【课堂实践】

步态练习。

三、体态语言的表达

（一）手部体态语言

1.握手的方式

标准式/平等式：意义比较单纯，表示礼节性、友好的握手方式。

控制式：手掌向下，表示想取得主动或是占据心理上的优势、支配地位。

乞讨式：手掌向上，是性格软弱，处于被动、劣势、受人支配地位的表现。

手套式：双手握住对方的一只手上下摇动，表示热情、感激、有求于人等意义。

握手时用力回握，表示热情、主动；相反则是个性懦弱、缺乏气魄或者傲慢、矜持的表现。

2.握手的要求

握手时双方应站立，使用右手，左手不可插在口袋里。

握手时应轻重适度，且用手掌接触，不可只握指尖。

手部出汗、有污、拿着东西时应避免握手，若戴着手套，握手时应取下。

双方眼神应交流，以此表现内心、表达真诚，若戴着墨镜，握手时应取下。

双方距离应得当，根据沟通情境和亲疏关系具体处理。

【课堂实践】

握手练习。

【课堂讨论】

生活中有一些常用手势，如竖起大拇指、“OK”、“V”等，在不同的文化语境中具有不同的内涵，你是否了解？

（二）手臂体态语言

1. 手臂体态语言的定义

手臂体态语言主要是指两臂交叉抱于胸前，基本意义是表示在自己身前筑起“围墙”，禁止侵入。

2. 手臂体态语言的表达

在谈判时表示互不让步、绝不妥协。

在交谈时表示以批判的态度倾听；而如果在听话时同时带有点头、笑容等，反而表示对谈话深感兴趣。

（三）腰部体态语言

1. 腰部体态语言的作用

腰部是一个人“承上启下”的重要部位，其“高”与“低”直接反映一个人的心理状态和精神状态。鞠躬、点头哈腰属于低姿态，挺直腰板则是高姿态的表现。

2. 腰部体态语言的表达

手叉腰间表示做好准备；手叉腰间而拇指在外，则流露出一定的优越感和支配欲。

坐时如果深坐，腰部会显放松，那么同样表示精神上的放松；而浅坐则显示腰部相对紧张，流露出心理上的劣势。

（四）背部体态语言

1. 背部体态语言的作用

脊背、脊梁体现了一个人的性格和气节。挺直脊背表示自信、正直、严于律己，但另一方面也可能表现出性格的刻板；而驼背含胸则表明个性闭锁，带有防卫倾向，也有可能是性格软弱的表现。

2. 背部体态语言的表达

背向对方或是转过身去，一般表示拒绝、回避等意义。

拍背或是触摸背部的动作，一般表示有同感或是鼓励、催促等意义。

（五）肩部体态语言

耸肩一般表示不知道、无可奈何、与我无关等意义。

手搭在对方肩上，表示亲密、友好等意义。

（六）颈部体态语言

点头表示肯定意义，摇头表示否定意义。

侧着脖子表示疑问、对话题感兴趣等意义。

（七）腿部体态语言

1. 抖腿

抖腿是很多人常见的一种行为，一是表示不安、紧张的心情；二是表示随便、无所谓的态度；三是为了解除无聊、乏味的状态，下意识抖动腿部或是摇动脚部。无论在何种沟通情境中都应当杜绝抖腿，同时也应从对方的抖腿行为中解读出具体意义。

2. 架腿

架腿是指一条腿叠放在另一条腿上，即俗称的“跷二郎腿”。

架腿的同时身体前倾，表示积极合作；身体后靠，则表示封闭傲慢。

一只脚的脚踝架在另一条腿上，表示极度放松或是无礼、粗俗。

频繁交换架腿的方向，除了有可能是因为疲劳，一般表示不耐烦的心情。

并排而坐的两人同时架腿，向一个方向或是相背的方向，表示两人各自为营或是不愿意受对方打扰；同时向内架腿，则表示两人关系较好，沟通比较融洽、投机，不愿意受他人打扰。

3. 腿部开合

男性张开腿部而坐是一种开放型的姿态，表示自信、接受对方；而膝盖并拢则表示比较紧张。

女性不宜张开腿部而坐，会显得缺乏修养；一般双腿并拢双脚一前一后或是双腿并拢后侧斜而坐较好。

（八）眼睛体态语言

直视或长时间注视是对对方私人空间的侵犯，是不礼貌的。

眼神的闪烁不定反映出精神上的不稳定或是心理上的不安。

交谈时，视线一般停留于眼下至下巴的位置比较合适；视线接触对方脸部的时间应占全部谈话时间的30%—60%，低于此值表示对谈话内容不感兴趣，高于则表示十分关注。

（九）眉毛体态语言

眉毛上挑，表示惊讶、恐惧、强调等意义。

眉毛皱起，表示生气、郁闷、反对等意义。

眉毛倒竖，表示气愤等意义。

单眉上挑，表示疑惑、询问等意义。

（十）嘴部体态语言表达

抿嘴一般表现坚定的意志。

噘嘴一般表示不满的情绪。

撇嘴一般表达轻蔑的感情。

咬下嘴唇一般出现于失败、伤心、反省的情况。

四、体态语言的应用

（一）综合协调

体态语言是全身动作、姿势、表情等的综合体现，因此不能仅仅注意到个别分解动作，更应该重视全身的综合协调，同时还应和有声语言相配合。

（二）因地制宜

不同沟通情境对体态语言的要求不尽相同，应感受现场、放松身心、消除紧张、积极调整，并选择恰当的体态语言，扬长避短、因地制宜，避免身体的僵硬、动作的拘谨、语言的混乱。

第三节　物化语言表达技巧（一）：服饰语言表达技巧

一、服饰语言的含义

（一）服饰语言的定义

服饰是指服装和配饰。伴随人类社会的发展，服饰已越来越具有传递信息、沟通情感、展现文化等重要作用，成为无声非语言的重要组成部分。

（二）服饰语言的意义

服饰不仅是沟通者个人的名片，还是其所在单位形象甚至国家形象的展现。恰切的服饰语言表达，有助于获得更佳的沟通能效。

二、服饰语言的表达

（一）明确性格气质，确定适用色谱

1.确定路径

每个人都有独特的性格、气质，不同的性格类型、气质类型，则对应着不同的服饰适用色彩，这些都可以通过书籍、网络或是专业机构的咨询来获得。

2.搭配原则

确定了性格气质及适用色谱之后，在具体的操作过程中，还应注意色彩搭配的几条原则。

第一，统一法，即采用同一色系的衣服、配饰。

第二，点缀法，即在统一的服装主色调的基础上，以醒目的小色块作为点缀。

第三，呼应法，即服装和配饰有同色系类似色的彼此照应。

（二）发挥身材优势，平衡体形缺陷

无论女性还是男性，身材标准、完美者不多，但是可以通过服饰的面料、剪裁以及色彩等修饰身材、隐藏缺陷、发挥优势。

1. 女性身材修饰

倒三角形：肩部比髋部宽，与男性或是运动员的体形相似。应选择线条利落、结构简单的款式，避免服装质地松散、层次过多导致肩部更显宽大。

直线形：肩部和髋部大致等宽，显得修长和丰满。应选择面料质地紧密、剪裁线条鲜明的服装，避免过分装饰腰部，应选择略微收腰的款式。

斜线梨形：肩部较窄，但平直而不倾斜。应选择避免过多褶皱的简单款式，或以平直的垫肩延伸肩部线条，或多用披肩、围巾等配饰。

曲线梨形：肩部较窄且下削，髋部较宽，其正面和侧面与斜线梨形相比轮廓都更加弯曲。应选择质地柔和疏松、船形领口的款式使肩部显宽，避免瘦小的上装突出上半身和下半身的差别。

沙漏形：肩部线条柔和，腰围紧收，臀部和胸部呈弧线形，是女性比较标准的优美体形。应选择剪裁立体、腰部带有褶皱并且宽舒的服装，避免松垮的上装。

圆形：大多属于超重的沙漏形。应选择剪裁简洁宽松、突出肩部线条的服装，避免图案太杂、褶皱太多、质地太粗导致体形更显肥大。

2. 男性身材修饰

一般将男性的标准体形称为“倒三角”，即肩宽胸阔，腰细臀窄。德国的精神医学家克雷奇默将男性的体形分为肥胖型、筋肉发达型和瘦削型，但是除非刻意进行锻炼、塑造，一般来说还是前后两种相对常见。不过，总体而言男性和女性相比体形特征还是上宽下窄。

表 4-2 男性身材修饰搭配

身材		矮小	肥胖	瘦削
西装	颜色	暗色、深色	暗色、深色	不过亮、不过暗
	花纹	窄距细竖条纹	竖条纹	素色、格子
	式样	立体剪裁、小翻领、小“V”领	直筒剪裁、大翻领、大“V”领	肩线笔直、棱角分明、小翻领

续表

<table>
<tr><td colspan="2">身材</td><td>矮小</td><td>肥胖</td><td>瘦削</td></tr>
<tr><td rowspan="3">衬衫</td><td>颜色</td><td>白色、浅色</td><td>白色、浅色</td><td>浅色</td></tr>
<tr><td>花纹</td><td>无花纹、窄距细竖条纹</td><td>素色、竖条纹</td><td>素色、格子</td></tr>
<tr><td>式样</td><td>标准领、纽扣领</td><td>标准领、敞角领</td><td>标准领</td></tr>
<tr><td rowspan="3">领带</td><td>颜色</td><td>暗色、亮色</td><td>暗色、亮色</td><td>浅色</td></tr>
<tr><td>花纹</td><td>窄距细竖条纹</td><td>宽距竖条纹</td><td>格子、圆点</td></tr>
<tr><td>式样</td><td>标准版、小结</td><td>宽版、大结</td><td>窄版、标准版、小结</td></tr>
<tr><td rowspan="2">配件</td><td>颜色</td><td colspan="3">暗色</td></tr>
<tr><td>花纹</td><td colspan="3">无</td></tr>
</table>

3. 平衡体形缺陷

无论男性还是女性，都应当以健康为标准，可以通过锻炼让身体的外形更加匀称、更富弹性、更有活力，也应通过服饰的选择对一些不可抗因素进行修饰掩盖，更好地为沟通服务。

圆脸：忌圆领；“V”字领可以平衡脸型，使之显得修长。

长脸：忌低领、无领、“V”字领；圆领、船形领、“一”字领等可增加脸部两侧的圆润感。

三角形脸：忌“一”字领；小“U”字领可使脸部线条显得轻巧柔和。

倒三角形脸：忌低领、“V”字领及领口下垂的服装；圆领、带有弧形线条的领款较好。

菱形脸：忌立领、“V”字领增高加宽颧骨；平直领款可使面部显得稳定、柔和。

长颈：忌深领、长项链；高立领较好，可佩戴短项链或围巾。

短颈：忌高立领、戴项链、围巾；“V”字领、船形领、圆领等较好。

粗颈：忌圆领、短项链、围巾；翻领、小“V”领较好。

长臂：忌七分袖、紧袖笼；袖口应宽，情境允许可多戴几个（条）手镯或手链。

短臂：忌袖口过分修饰、袋形袖、戴手镯或手链；七分袖较好。

粗腿：忌短裤、短裙、紧身裤；舒适、飘逸的长裤、长裙较好。

短腿：忌宽松长裤、长裙、长夹克；短裤、短裙、短夹克较好。

【课堂讨论】

你是何种体形？更适合何种剪裁、色彩？

（三）明确着装原则，符合沟通情境

无论是服装还是配饰，应明确的具体原则就是简洁，并且符合沟通情境的要求。

1.服装

力求简洁，不宜复杂。使沟通对象的视线主要集中于沟通者的脸部；挑选适用色谱里居中的色彩，不宜太艳、太暗、太浅或对比太过鲜明。

2.配饰

力求简洁，不宜繁多。女性可选择胸针、手表，首饰可选择相对优雅的黄金、珍珠，避免悬垂摇晃的耳饰以及叮当乱响、闪闪发光的配饰分散沟通对象的注意力；男性可选择佩戴手表。

第四节　物化语言表达技巧（二）：妆发语言表达技巧

一、妆发语言的含义

（一）妆发语言的定义

妆发语言是指沟通者的妆容与发型，同样具有传递信息、沟通情感、展现文化等重要作用，也是无声非语言的重要组成部分。

（二）妆发语言的意义

无论是正式沟通还是非正式沟通，妆容、发型都是沟通者形象的重要直观展示，不仅应自然、适合自己，还应适应沟通情境的要求。

在一些正式沟通情境中，沟通者的妆容、发型同样也是其所在单位形象甚至国家形象的展现，一旦固定甚至不能轻易改变。

二、妆容的修饰

（一）化妆的原则

1.考虑整体，注意轮廓鲜明

将脸部纵轴三等分，横轴五等分，就是常说的“三庭五眼”，这是脸部的“黄金分割律”，符合这一要求才会显得更加好看，但是大部分人很难完全符合这一比例，因此要在化妆时适当调整。但应注意整体调整，比例不能刻板、牵强，尽量自然、和谐。

2.考虑环境，注意色彩协调

对于沟通者而言，化妆时主要还是应接近裸妆，整体色调统一，明暗对比柔和，色彩过渡自然。还应注意与沟通情境的协调，与服饰色彩的搭配，以及室内/室外光线差异的影响。

化妆主要针对女性而言，但在当下部分职场以及沟通情境中，同样要求男性修饰妆容。男性的妆容更应注重自然、协调，符合自身气质或弥补气质不足之处。

3.考虑脸形，注意真实自然

每个人的脸形各有不同，大致来说，如以汉字作比，则有甲字形、由字形、田字形、申字形、目字形、国字形、用字形、风字形等脸型；如以几何形容，则有倒三角形、三角形、正方形、菱形、椭圆形、长方形、圆形、梯形等脸型。化妆时应修饰缺陷、突出优点、扬长避短。

上庭偏长：发际边缘渲影，利用刘海遮挡。

上庭偏短：吹高前发，利用刘海遮挡。

下庭偏长：颏尖处提亮，颏尖底部渲影。

下庭偏短：颏尖底部提亮。

上窄下宽（沉重感、压抑感）：上额两侧提亮，下颌两侧渲影。

上宽下窄（轻浮感、尖刻感）：上额两侧渲影，下颌两侧提亮。

菱形（刻板感、锋利感）：上下部位提亮，中部颧骨渲影。

梯形（宽大感、僵硬感）：外轮廓渲影，内轮廓提亮，加强立体感，收缩大脸盘，利用侧发掩盖。

圆形（松散感、幼稚感）：前额上部和下巴提亮，增加棱角，利用发型拉长脸形。

（二）化妆的步骤

1. 清洁面部

作用：防止细菌乘虚而入，保持妆容干净清透。

若油脂分泌过多，可在洁面后轻拍一些收敛水。

2. 涂上妆油

方式：用中指和无名指从面部中央向四周轻轻打圈均匀涂抹。

若过多易使妆容脏花、面部模糊，导致形象失真。

3. 打底

作用：修正肤色、矫正脸形、遮盖瑕疵。

要求：有质感、不混杂，覆盖力强，显得薄而透。女性应比正常肤色偏亮一至两个色度；男性不可太白，应偏暗一至两个色度。

方式：用化妆棉蘸少量粉底液和粉底霜，由上而下、由内而外在面部斜向涂开，均匀、适量；注意嘴角、眼角等处不要遗漏；裸露在外的颈部也需涂到，使得整体肤色真实可信。

明暗：要突出、扩大的部位，如凹颊、塌鼻等，需要提亮；要掩饰、收缩的部位，如颧骨、下颌，则要打暗。鼻梁、额头中部、眉弓骨、下眼睑沟、下巴等处，应用比基础底色偏亮一至两度的粉底使之开阔、明亮，过渡自然、柔和。

4. 鼻子

塌鼻：鼻梁正面扁平处提亮，鼻翼两侧深色渲影，内眼角和眉头下渲影。

短鼻：鼻根和鼻尖提亮。

直鼻：鼻尖提亮。

尖鼻：鼻尖底部深色渲影。

5. 定妆

方式：用粉扑蘸少许定妆粉揉匀，在妆容上轻轻印按，从上到下、从内到外、先浅后深，稍后用粉扫清除多余浮粉。

要求：定妆粉应粉质细腻、透明度高。“T”区及上下眼睑等活动较多的区域需要格外认真细致，防止脱妆。

6. 睫毛

方式：眼线笔一端侧锋紧贴眼睫毛，从内眼角拉至外眼角至眼尾，逐渐提拉收笔。

要求：线条上粗下细，上长下短，眼尾勿封闭；颜色上深下浅；运笔内实外虚。

7. 眼影

作用：表现眼部立体结构，改变眼睛原有形态。

方式：眉骨和眼球中央是眼睛的两个高点，应用浅色表现突出感；之间的凹陷是眼睑沟，应用深色表现凹陷感。也可在靠近睫毛线的外眼角处进行渲影，向上、向外渐渐淡开，表现眼睛的立体结构。

8. 眉毛

作用：表现性别或个性，调整脸形。

结构：眉头、眉峰、眉梢。

长度：眉头与内眼角齐，眉梢与鼻窝到外眼角的延长线相交为宜。

方式：用眉刷蘸眉粉从眉头处轻柔地提拉扫向眉峰，再逐渐扫向眉梢。

要求：两头淡、中间深，上边虚、下边实。

田字脸、国字脸等：不宜选用过细过直的眉形，易加强脸部的横向长度感。

由字脸、申字脸等：不宜选用过短过弯的眉形，易加强脸上部窄的视觉感。

男性：不宜选用过于纤细的眉形，应呈现自然阳刚。

女性：不宜选用过于粗犷的眉形，可呈现修饰状。

年轻人：不宜选用弯度过大的眉形，易显老气。

9.腮红

方式：用腮红刷蘸适量腮红粉在颧骨部位由外而内轻轻晕染。

要求：左右对称，位置准确，边缘与底色衔接自然，有重点，有立体感。

脸颊宽阔：相对集中，呈上下走势。

脸颊狭窄：相对散漫，呈片状涂布。

10.嘴唇

方式：先涂一层薄薄的润唇膏，然后用唇线笔从上唇中间分别向两边勾勒出合适的轮廓，再勾勒下唇的轮廓，最后涂上口红，使之与唇线融为一体。

要求：上唇一般处于背光面，颜色可深些；下唇处于受光面，颜色可浅些。

小唇型、薄唇型：适当加宽嘴唇轮廓。

大唇型、厚唇型：用底色将唇周遮盖，在原唇内画唇线。

上翘型：上唇唇峰到唇角的连线画得平缓一些，不宜太陡。

下挂型：上唇线稍短，下唇线稍长，提亮下唇角处阴影。

三、发型的搭配

方脸：以圆破方、以柔克刚；头发梳长，遮住两腮，使得脸形呈圆形。

长脸：用刘海遮挡前额以缩短脸的长度。

圆脸：顶部头发梳高，使得额头加长；或侧分头缝，形成不对称感。

菱形：前发烫卷，稍微遮掩太阳穴；长卷发搭下遮挡脸部线条。

【课堂实践】

邀请业界著名化妆造型师现场讲解、演示化妆造型技巧，为需要的同学进行职业形象设计。

【课后作业】

1.回顾课堂内容，预习下周内容。

2. 了解自己的性格气质与适用色彩。

【推荐影视】

电影《闻香识女人》（*Scent of a Woman*，1992）

剧集《唐顿庄园》（*Downton Abbey*，2010—2015）

【延伸阅读】

表 4-3　女性套装、衬衫、配饰的基本颜色搭配

套装颜色	衬衫颜色 / 款式	配饰颜色
黑色	白色或浅色 / 装饰扣或胸前褶皱或素简花纹	黑色中跟皮鞋 肤色消光丝袜
深色系：橄榄色、炭灰色、海军蓝		
浅色系：石色、中灰色、焊锡灰		

表 4-4　男性西服、衬衫、领带的基本颜色搭配

西服颜色	衬衫颜色	领带颜色
黑色	白色或浅色	灰色、蓝色、绿色
灰色	白色或浅色	灰色、绿色、黄色
藏青色	白色或浅蓝、亮蓝	蓝色、灰色、黄色
蓝色	白色或亮蓝、灰色、黄色	灰色、黄色、红色
棕色	白色或浅色	灰色、绿色、黄色

第五周　沟通礼仪

教学内容

礼仪概述；个人礼仪；基本礼仪；涉外礼仪。

教学学时

理论学时2学时，实践学时2学时，共计4学时。

教学目的

通过理论讲授，使学生基本了解礼仪的定义、特征、原则、作用，个人仪表礼仪及仪容礼仪原则，会面礼仪、会谈礼仪、宴会礼仪及涉外礼仪的基本内容；通过实践训练，使学生大致掌握个人礼仪、基本礼仪的表达技巧。

教学重点

礼仪的原则与作用；仪表礼仪原则；仪容礼仪原则；会面礼仪。

教学要求

1. 布置课前预习，浏览教材内容。
2. 理论讲授少而精，课堂互动巧而优。
3. 选择经典音视频，讲解教学重难点。
4. 结合丰富典型案例，指导有效实践训练。
5. 布置适量课后作业，融会贯通课堂内容。

教学模式

理论讲授+实践训练

第一节 礼仪概述

一、礼仪的含义

（一）礼仪的定义

“礼仪”一词最早出现于《诗经·小雅·楚茨》：“献酬交错，礼仪卒度。”意为礼节和仪式。中国自古以来就是礼仪之邦，崇尚为人处世、待人接物的相互理解与尊重。

现代社会人与人之间交往频繁，不仅要受到自然规律的影响和制约，同样要受到社会规范的影响和制约。礼仪正是社会规范的一种独特形式，以非强制的精神力约束着社会成员的言行举止。

综合而言，可以这样理解：礼仪是指在社会沟通中，受历史传统、文化积淀、时代潮流等影响而约定俗成的律己、敬人的言行准则与规范，包括礼貌、礼节、仪表、仪式等内容。

（二）礼仪的特征

由礼仪的定义可以看出礼仪的四个基本特征，即文化性、规范性、共同性、自律性。

1.文化性

礼仪是在社会沟通中逐渐形成、发展、积累起来的，是一个国家、民族文化的重要组成部分，也是文化的一种特殊呈现方式。现代礼仪既是历史传统文化的切片，也受时代潮流文化的影响，其根植于文化沃土，具有鲜明的文化属性。

2.规范性

礼仪是言行准则与规范的总和，经过较长时间的沉淀与筛选，这套准则具有相对严谨、固定、成体系的规约范式，对社会成员具有非强制的指导作用。

3.共同性

礼仪以建立和谐关系为目的，同一社会环境中的全体成员在共同生活的基础之上不断调节相互关系，逐渐形成约定遵守的共同言行准则，礼仪的共同性由此产生。

4.自律性

礼仪是约定俗成的，不是法律法规，不具有强制约束力。遵守礼仪是社会成员个体的自觉选择，与自我约束能力、道德涵养、文化素养、审美修养等综合素质有着密切联系。

【课堂讨论】

礼仪、道德、法律分别具有怎样的约束力?

二、礼仪的原则

在社会沟通中，应当懂礼、用礼，遵从真心实意、宽人严己、等礼相待、入乡随俗等原则，为学习、工作和生活助力。

(一)真心实意

沟通重真诚，礼仪同样需要真心实意。《孟子·离娄下》中说:“仁者爱人，有礼者敬人。爱人者，人恒爱之;敬人者，人恒敬之。”在沟通中，真诚对待他人、尊重他人，不虚伪、不傲慢，同样也会收获他人的真心实意。

(二)宽人严己

《论语·季氏第十六》中说:“不学礼，无以立。”学习运用礼仪是立身之本。沟通中运用礼仪时，应当宽以待人、严于律己，用大度与宽容多理解他人、体谅他人，不斤斤计较，不咄咄逼人，同时约束自我、控制自我，常自律、常自省。

(三)等礼相待

平等是社会交往中普适的原则，对任何沟通对象都应一视同仁、待之以礼，礼仪的运用是相互的、平等的。正如《礼记·曲礼上》中所说:“礼尚往来。往而不来，非礼也；来而不往，亦非礼也。”

（四）入乡随俗

《礼记·曲礼上》中说：“入境而问禁，入国而问俗，入门而问讳。”精确地指出了对于不同国家、不同地域、不同民族、不同文化水平、不同生活习惯的人们的尊重。来的都是客，入乡应随俗，理解差异、尊重不同，也是礼仪的题中应有之义。

三、礼仪的作用

礼仪是个体，也是一个民族综合素质的重要组成部分，学习礼仪、传承礼仪是每个社会成员的义务和责任，个体的良好礼仪也是个人和社会进步的重要助推器。

（一）树立个人形象

懂礼貌、重礼节、修仪容仪表，既是个人外在形象的具体展现，也是内在素养的间接体现。礼仪是“内外兼修”的最好注解，是个人形象的直观呈现。

（二）和谐人际关系

礼仪可以规范言行、调节关系，无论是在学习、工作中还是在生活中，礼仪都是人际关系的润滑剂。人与人之间的和谐，必然会带来全社会的和谐稳定。

（三）促进事业发展

各行各业的事业发展，离不开人与人之间的沟通，重视礼仪、了解礼仪、运用礼仪，在现代职场尤显重要。根据不同的沟通情境灵活使用不同的沟通礼仪，是个人事业成功和行业整体发展的重要推动力。

（四）推动社会进步

社会由个体构成，同时也由不同的社群组织构成。不同诉求、不同阶层的社群组织之间的沟通、协作，同样需要礼仪的参与。礼仪是社群组织的沟通纽带，也是社会和谐进步的重要催化剂。

第二节 个人礼仪

一、个人礼仪的内容

在社交沟通场合，陌生人之间的第一印象至关重要，甚至有“3秒钟”的首因效应之说。个人礼仪正是个人形象的直观呈现，而个人形象不仅与自己紧密相关，很多时候还与所在单位、组织、社团乃至国家形象息息相关，个人礼仪的重要性不言自明。

个人礼仪大致包括仪态礼仪、仪表礼仪、仪容礼仪等方面。前文无声非语言表达技巧的内容，体态语言已基本覆盖仪态礼仪内容，服饰语言、妆发语言主要侧重适用色彩与平衡缺陷等内容。个人礼仪部分将侧重仪表礼仪、仪容礼仪的基本原则。

二、仪表礼仪的原则

（一）仪表礼仪的定义

广义的仪表指人的外观，主要包括容貌、身形、服饰等在内的综合形象。

狭义的仪表指服饰打扮，仪表礼仪即为着装礼仪。

（二）仪表礼仪的原则

符合个人特质、服从沟通需要的着装，不仅能够提升自信、树立形象，同时也能传达对沟通对象的重视、尊重，对实现沟通目标具有积极作用。一般而言，着装应遵循TPO原则，即注意服饰与时间（Time）、地点（Place）、场合（Occasion）的契合。具体而言，仪表礼仪应注意应己、应时、应景、应事等四条原则。

1.应己原则

应己原则是指着装应根据自身特点准确选择。在选择服饰时，应考虑自己的性别、年龄、体形、性格气质等因素，通过恰切的服饰选择真实地展现自我形象并艺术地提升自我形象。

2.应时原则

应时原则是指着装应注意时间性与时代性。一方面，应根据沟通情境的不同时间选择不同的服饰，契合季节、早晚等具体时间的要求，尤其是在正式沟通场合，不可过分跳脱。另一方面，应根据所在的时代选择契合时代要求、展现时代风貌的服饰，不必追赶潮流，但也不能古今不分、奇装异服。

3.应景原则

应景原则是指着装应注意沟通的地点、环境和场所。不同的国家、不同的地域、不同的自然环境、不同的社会环境、不同的室内外场所，都对着装有着不一样甚至大相径庭的要求，应景的服饰是融入情境、顺利沟通的重要保障。

4.应事原则

应事原则是指着装应考虑沟通主题与沟通目的。服饰应根据不同的沟通情境、沟通事务具体选择，切合主题、目的和氛围，不可随性随意破坏沟通氛围以致影响沟通目的的实现。

【课堂讨论】

如何看待职场女性素颜与男性浓妆?

三、仪容礼仪的原则

（一）仪容礼仪的定义

仪容主要是指人的容貌，亦包括手部。仪容礼仪是指根据不同沟通情境恰切修饰容貌，展现容貌的自然美与内在美。

（二）仪容礼仪的原则

仪容礼仪应当包括大量基本原则，但总体而言即洁与美。

1.仪容洁

仪容干净清洁是仪容礼仪的基本要求与首要原则。洁容大致包括面容、毛发、口腔、手部等的卫生清洁。

面容应保持干净、清洁，勤洗面，尤其是在正式沟通活动之前。应随身携带纸巾或手帕，及时擦拭油光以及眼角、耳郭分泌物。佩戴眼镜者应保持镜片干净、明亮，无灰尘、油污。

头发应保持清爽、整洁，避免头发油腻、脏污、头屑，勤洗头，尤其是在正式沟通活动之前，应定期修剪眉毛、鼻毛。除特殊民风民俗、职业要求外，男性不宜蓄须，应每日剃须。

口腔应保持卫生、清新，勤刷牙，尤其是在正式沟通活动之前，及时发现口腔异味，可以清水或便携式漱口水清理；及时发现唇部及齿间异物，可以纸巾或手帕清理。注意不可咀嚼口香糖，不礼貌、不雅观。

手部是特殊的仪容组成，常被称为“第二张脸”“第二名片”，具有重要的沟通作用。应勤洗手，保持手部干净，在握手、接递物品时不致出现脏污；应适当保护双手，避免手部过分粗糙；应定期修剪指甲，避免小拇指留长指甲；女性应慎重美甲，透明、裸色为好，避免色彩艳丽、造型夸张。

2. 仪容美

第一，仪容应展现自然美。千人千面，每个人的形象都不相同，选择适合自己的发型、妆容和服饰，即便没有浓妆艳抹，同样能够展现大方自然的美感。

第二，仪容应展现修饰美。在正式沟通场合，需要对容貌进行适当的化妆、修饰，扬长避短，展现最佳形象，这也是提升自信、尊重他人的表现。

第三，仪容应展现内在美。腹有诗书气自华，不断学习积累，提升综合素养，培养气质、美化心灵，能够使美表里如一。

【课堂实践】

分组模拟不同沟通情境，集体评判其仪表、仪容是否合理、切境。

第三节　基本礼仪

一、会面礼仪

会面是人际交往、事务沟通等的重要形式与契机，通过会面沟通可以交流信息与思想，增进感情与理解，促进合作与发展。会面礼仪大致包括招呼礼仪、称呼礼仪、介绍礼仪、名片礼仪等内容。

（一）招呼礼仪

初次见面或刚刚见面以及分别之时，常以一定的礼节性体态语打招呼，表达友好、尊重、感谢等意义。招呼礼仪大致包括握手礼、颔首礼、鞠躬礼等。

1. 握手礼

握手礼是当今全世界最为通用的招呼礼仪，适用于迎来送往、致谢祝贺等多种情况。

握手时力度应适中，太过无力会显得虚伪敷衍、冷漠无礼，太过用力会显得强势压迫、令人不适。

握手时时长应适中，蜻蜓点水会显得不够真诚，久握不放会显得有失礼貌。

握手时神态应自然、友好、热情、专注，避免心不在焉、漫不经心、眼神飘忽、神情不属。

男女之间握手，应由女士先伸手；长幼之间握手，应由长者先伸手；主宾之间握手，应由主人先伸手；上下级之间握手，应由上级先伸手。

【课堂回顾】

上周讲解了握手的方式与要求，请同学回顾已学内容。

2. 颔首礼

颔首礼又称点头礼，适用于初次见面女性致礼、偶遇认识之人、人多嘈杂不宜交谈等情况。

一般不宜戴帽，头部轻轻向下一点即可，同时面带微笑，避免点头幅度过大或点头不止。

3. 鞠躬礼

鞠躬礼适用于见面深致谢意、领奖之后、表达结束、演员谢幕等情况。

一般应脱帽立正，目光聚焦、神态诚恳、弯腰前倾，男士双手贴放于两边裤线，女士双手搭放于小腹处。鞠躬一次即可，若需加强谢意可再辅以颔首礼。

【课堂讨论】

为何鞠躬一次即可？弯腰的幅度和表达的情感有何关联？

（二）称呼礼仪

正确地称呼他人，是学习、工作和生活中必不可少的基本礼貌，这是尊重他人的体现，也是自身修养的体现。

1.称呼的类型

日常性称呼是指平辈直呼姓名，上级对下级或长辈对晚辈直呼名字、姓或名前加“老”“小”“大”、姓或名后加“哥”“姐”以及戏谑性称呼等。日常性称呼根据关系亲疏远近会有独特性、排他性的特点。

谦敬性称呼是指对自己亲属的谦称和对他人亲属的敬称。自己的长辈用“家”，晚辈或年龄低于自己用“舍”，子女用“小”；他人的长辈用“尊”，平辈或晚辈用“贤”，通用“令”。另外，应注意多用“您”。

职务性称呼是指以职务相称、职务前加姓氏相称、职务前加姓名相称，正式程度由低到高。

职称性称呼是指以职称相称、职称前加姓氏相称、职称前加姓名相称，正式程度由低到高。

学衔性称呼是指以博士学位相称、博士学位前加姓氏相称、博士学位前加姓名相称，正式程度由低到高。

2.称呼的要求

区分具体对象、场合，合理使用称呼。

绰号讲究分寸、场合，避免侮辱人格。

考虑民风民俗、习惯，能够入乡随俗。

注意语言文明、有礼，树立良好形象。

【课堂讨论】

你和周围人相处有何特殊称呼？对于沟通有何帮助？

（三）介绍礼仪

介绍是消除陌生感、拉近距离感、建立信任感的常用方式。介绍礼仪大致分为自我介绍与他人介绍两大类。

1. 自我介绍

自我介绍是指在初次见面、应聘求职等情况下向他人介绍自己。

根据不同沟通情境，自我介绍大致可以分为商务—应酬式、正规—仪式式、社交—交流式、应聘—问答式等类型。

无论是何种沟通情境，自我介绍都应做到清楚、简洁、真诚、随和，避免滔滔不绝、自我标榜或过分冷漠、过度夸张。

【课堂实践】

每人准备1分钟以内的通用自我介绍。

2. 他人介绍

他人介绍是指在推荐入圈介绍、应邀介绍以及对方相互不认识需要自己介绍等情况下介绍他人。

介绍时，应先将男士介绍给女士，先将晚辈介绍给长辈，先将下级介绍给上级，先介绍主人后介绍宾客，先介绍后来者后介绍先来者，先介绍已婚者后介绍未婚者。

介绍时应多用谦敬性称呼，用手掌示意而非手指指点。

【课堂实践】

分组模拟不同情况下的他人介绍，集体评判其有声语言、无声非语言是否合理、切境。

（四）名片礼仪

名片主要出现于商务活动、学术活动等场合，是个人与其所在组织重要的形象展示窗口，也是个人的介绍信与联络卡。虽然随着时代的发展，社交媒体成为最为便利、普及的人际沟通方式，但是在正式沟通场合，名片依然是必不可少的重要沟通工具。

1. 名片的作用

介绍自己是名片最重要的用途，同时名片也是联系他人的有效工具。另外，统一制式的名片能够凸显单位形象，特殊制式的名片能够突出个人性格。

2. 名片的要求

名片的规格应在基本规制范围之内，避免过大或过小；质地、色彩、设计等应符合身份，避免过分追求标新立异、哗众取宠。异形名片可以展示个性，但应根据职业、对象、场合等斟酌使用。

名片的内容一般包括个人基本信息与联络方式，根据需要可选择外文或少数民族文字相对照。

3. 名片的礼仪

递交名片时应将名片置于手中，四指托住、拇指轻压，双手递送，文字朝向对方便于直接阅读，同时注意神情自然、亲切。

接受名片时应双手接过，阅读内容，关键信息甚至可以读出声来，以示尊重与用心，妥善收好。避免随意扫一眼，甚至不看名片、漫不经心随意放置。

二、会谈礼仪

会谈是指双方或多方就某一主题以会议的形式进行沟通交流，在这一过程中应遵循相关礼仪要求，以促进沟通效果、实现沟通目标。

（一）组织者准备礼仪

1. 时间恰当、议程合理

时间恰当，一方面是指会谈的时间应征询参与各方诉求后决定最为合适的时间点；另一方面是指具体的会谈过程时间应有控制，开始、结束应准时，对于会谈每一项议程的时间也应有精细、合理的安排。

2. 地点恰当、座次合理

应根据会谈的范围、规模选择恰当的地点，还应精心布置会场，合理安排座次，以示尊重。

3. 资料齐备、散会有序

会谈开始之前应准备好相关资料分发给与会各方或摆放于会场；会谈结束之后应有序散会、周到送客，避免草草结束、无礼而散。

（二）参与者准备礼仪

1. 准时参会，避免迟到早退

参与者应当注意时间观念，准时参加会谈，避免迟到早退等不良现象。

2. 做好准备，避免手忙脚乱

参与者应当在参会之前做好资料整理、发言内容、文具设备等方面的准备，避免会谈现场出现手忙脚乱等现象影响会谈进程及沟通效果。

3. 整理仪容，避免邋遢随意

参与者应当注重参会时的仪容仪表，不一定盛装隆重，但应符合会谈氛围与要求，过分随意甚至不修边幅绝大多数时候并不能彰显个性，反而会影响个人形象及所在组织形象，进而影响沟通目标的实现。

三、宴会礼仪

宴会礼仪是指在不同的用餐环境中应当遵循的言行举止要求。在用餐过程中进行沟通交际是宴会的重要目的，一般分为礼仪性、社交性、商务性等目的，与家常吃饭有着一定差别。就中餐宴会而言，大致包括赴宴礼仪、点菜礼仪、就餐礼仪等内容。

（一）赴宴礼仪

1. 赴宴前

能否赴宴应及时回复宴请者以便安排人数、座次。

2. 赴宴时

根据宴会目的选择恰切的服饰妆容，以示郑重以待。

抵达时间不宜过早以免为宴请者带来接待麻烦，也不宜迟到而影响开宴时间，提前5—10分钟到达较为合适。

宴会中尽量避免早退现象，确有事要提前离席时应事先与宴请者打招呼，离开时与同桌人士打招呼。

（二）点菜礼仪

1. 中餐顺序

中餐的上菜顺序一般是冷盘、热炒、主菜、主食、汤、甜品，不同地域会有具体差异，应提前进行了解。

2. 点菜要求

点菜前应询问赴宴者的饮食禁忌，尊重民族习惯、健康诉求、口味偏好，整体考虑菜式搭配。

点菜时一般按照上菜顺序进行，优先考虑本地特色、本店特色的菜肴，以示用心与尊重。

（三）就餐礼仪

一般从座位左侧入座。应注意坐姿的端正，避免东倒西歪、摆弄餐具等随意行为。

等宴请者招呼之后方可动筷进餐。夹菜应适量、准确，就近夹菜，避免拨弄。筷子是中餐最主要的餐具，在使用时应注意避免拿着筷子指点他人，避免将筷子插在食物上，避免用筷子敲击其他餐具。为他人夹菜最好用公筷，若无公筷可用他人筷子。

注意吃相文雅，避免发出杂音；说话时应放下手中餐具；碰杯时应起身并将杯沿低于对方。

【视频学习】

筷子文化。

第四节　涉外礼仪

一、涉外礼仪的含义

（一）涉外礼仪的定义

涉外礼仪是指与外国人士沟通交流时应当遵循的言行举止要求。

（二）涉外礼仪的意义

1. 实现沟通目标

随着国际交往的日趋频繁与普遍，涉外沟通礼仪也日益显得重要。文化差异客观存在于每一个国家中，在沟通交流时也必然存在文化礼仪的差异。学会尊重差异，了解不同，才能跨越文化障碍，获得涉外沟通的成功。

2. 助力国家形象

微观而言，涉外礼仪关系到个人形象、所在组织形象；宏观而言，个人与所在组织的涉外礼仪是否得当同时也折射着国家的形象。对于不同国家的沟通对象而言，个体就是管窥中国的直接途径，涉外礼仪展现的是礼仪之邦的风采。

二、涉外礼仪的内容

涉外礼仪大致包括习俗禁忌、称呼礼仪、交谈礼仪、西餐礼仪等内容。

（一）习俗禁忌

习俗禁忌是较为庞杂的内容，每个国家都有不一样的风俗习惯、禁忌要求。应当根据沟通对象的不同，有针对性地进行习俗禁忌的了解与学习，以便在沟通时获得最大的成效。

【课堂讨论】

你是否有外国朋友？你知道哪些不同国家的习俗禁忌？

（二）称呼礼仪

在国际交往中，一般称男子“先生”，称已婚女子“夫人”，称未婚女子“小姐”，不了解婚姻状况的可称“小姐”。

不同国家对于姓名也有着不同的结构方式，在涉外沟通中应充分了解，避免称呼错误。

【课堂讨论】

你知道哪些不同的姓名构成方式？在称呼时有什么要求？

（三）交谈礼仪

涉外沟通依然以有声语言沟通为主，交谈时应注意话题与内容的选择，不可随意。

1. 话题选择

话题的选择，一方面应符合沟通对象的个人偏好，可以为沟通的顺利进行奠定基础；另一方面应避免沟通对象及其所在国家的禁忌话题，这些都可在沟通之前进行简单的了解。

2. 内容选择

内容的选择，一方面应回避不宜涉及的内容，如沟通对象的隐私、对方组织的内部事务等；另一方面应回避理应回避的内容，如国家机密、行业机密等。

3. 策略选择

在与外国人士沟通交流时，虽应尊重对方的习俗与禁忌，但不应迎合其无礼、无理话题，应求同存异、不卑不亢，不失礼但有原则，避免祸从口出、因小失大。

【课堂讨论】

哪些影视作品中的涉外交谈礼仪给你留下了深刻的印象？

（四）西餐礼仪

1. 赴宴礼仪

能否赴宴应及时回复宴请者以便安排人数、座次。

若是宴请外国人士，则应符合对方所在国家的习俗与禁忌。

根据宴会目的与对方要求选择恰切的服饰妆容，以示郑重以待。

抵达时间不宜过早以免为宴请者带来接待麻烦，也不宜迟到而影响开宴时间，应符合宴请者所在国的习惯。

宴会中尽量避免早退现象，确有事要提前离席时应事先与宴请者打招呼，离开时与同桌人士打招呼。

2. 点菜礼仪

西餐的上菜顺序一般是头盘、汤、副菜、主菜、甜品、餐后咖啡或茶，简餐可以选择头盘、主菜、甜品。不同国家会有细节差异，应提前进行了解。

3. 就餐礼仪

用餐时应注意正襟危坐、举止高雅、进食噤声、防止异响、慎用餐具、吃相文雅。

正式的西餐会有多副刀叉，摆放顺序一般是按照上菜顺序从外向内摆放，每用完一道菜便会换一副餐具。使用刀叉时，若将刀叉“人”字形摆放说明还要继续用餐，若并列摆放说明用餐结束可以撤走餐具。

【视频学习】

西餐文化。

【课后作业】

1. 回顾课堂内容，预习下周内容。

2. 学习、了解某一国家的风俗禁忌并制作演示文稿，在后续课程中依次展示。

【推荐影视】

电影《窈窕淑女》（*My Fair Lady*，1964）

电影《孔子》（*Confucius*，2010）

【延伸阅读】

男性西服的基本知识

按穿着场合，西服可以分为礼服和便服两种。礼服分为常礼服（又叫晨礼服，白天、日常穿）、小礼服（又叫晚礼服，晚间穿）和燕尾服。礼服要求布料必须是毛料、纯黑，需配黑皮鞋、黑袜子、白衬衣、黑领结。便服分为便装和正装。正装便是平常所说的狭义的西服，一般是深色、毛料，上下身必须是同色、同料、做工良好。

西服的剪裁主要有四种：第一，美式剪裁。西服中开衩或不开衩；肩部自然；西裤有裤线。美式剪裁比较休闲随意，宽衣大裤，符合美国人的特点。第二，意式剪裁。加强西服肩部和胸部的剪裁，显得比较立体、饱满；一般不开衩；裤腿稍宽。也称“欧版”西服，基本轮廓是倒梯形，宽肩、收腰、双排扣是其主要特点。意式剪裁适合上身比较单薄的男性穿着，但要注意肩宽的问题。第三，英式剪裁。西服肩部略有加强；腰部剪裁有型，可以理解为收腰；裤腿稍窄；领子比较宽广、狭长；单排扣，三粒扣居多。总体而言，英式剪裁是最有型的。第四，日式剪裁。基本呈长方形，适应亚洲男性的体形；多为单排扣，衣后不开衩。

西服的扣子有两种情况：单排扣和双排扣。双排扣分为两粒扣、四粒扣和六粒扣，四粒扣显得比较传统、正式，两粒扣和六粒扣显得比较流行、休闲。单排扣分为一粒扣、两粒扣和三粒扣。两粒扣西服显得比较正规，一粒扣和三粒扣的西服显得相对时尚。双排扣的西服，不管是坐着还是站着扣子都要扣上。单排扣的西服，坐着的时候，可以把口子都解开；站起身的时候，三粒扣的西服扣上面一粒扣或是上面两粒扣，扣中间一粒扣会显得非常休闲；两粒扣则可以扣上面一粒扣。

西服上衣后片的开衩有三种情况：单开衩（中间开衩）、双开衩（两边开衩）和不开衩。单排扣西服可以三者选其一，而双排扣西服则只能选择双开衩或是不开衩。

西服上衣左侧的口袋一般不放任何东西，除了手帕（或方巾）。白色的方巾一般比较常用。若西服的颜色较浅，则方巾的颜色要深；若西服的颜色较深，则方巾的颜色要艳。具体还应考虑和衬衫、领带等的搭配、协调。另外，西服上衣左侧内里的口袋一般用来放名片、香烟、火机等，不可放过于累赘的东西，实在有要带着的东西，应放在西裤后面的口袋里。

第六周　自我沟通

教学内容

自我沟通概述；自我认知；提升情商；自我管理。

教学学时

理论学时2学时，实践学时2学时，共计4学时。

教学目的

通过理论讲授，使学生基本了解自我概念的含义、发展、特征，自我认知的分类、误区、改善，提升情商的路径与阳光心态的培养；通过实践训练，使学生大致掌握学习管理、时间管理、情绪管理、压力管理的方法。

教学重点

自我沟通的起点；自我认知的误区及改善；提升情商的路径与阳光心态的培养；自我管理。

教学要求

1. 布置课前预习，浏览教材内容。
2. 理论讲授少而精，课堂互动巧而优。
3. 选择经典音视频，讲解教学重难点。
4. 结合丰富典型案例，指导有效实践训练。
5. 布置适量课后作业，融会贯通课堂内容。

教学模式

理论讲授+实践训练

第一节 自我沟通概述

一、自我的含义

（一）自我的定义

自我是指对自己所持有的相对稳定的知觉。

（二）自我的空间

自我具有身体、思想、感情、神经感觉系统、意识状态等五个空间，每一个空间都只是自我的一部分功能领域。

（三）自我的层面

自我存在于社会层面、组织层面、管理层面、个人层面、存在层面等五个层面。

1. 社会层面

在社会层面，自我是一个公民，是社会的一分子，既享受着社会发展带来的越来越好的生活，也承担着越来越大的各种压力。

2. 组织层面

在组织层面，自我是集体的成员，需要不断提升自我，在组织中立足。

3. 管理层面

在管理层面，自我是一个管理者，所管理的内容也正是所肩负的责任。

4. 个人层面

在个人层面，自我在工作、家庭、社会中扮演着多重角色，应兼顾多方。

5. 存在层面

在存在层面，自我是具有生命体征的人，与生命、死亡、自由、价值等概念密切相关。

【课堂实践】

每人用50个字描述自己，匿名写在纸条上，老师读出后同学们猜是谁，看自我评价与他人评价是否一致。

二、自我的发展

自我概念是不断发展的，随着年龄的增长，对自我形象的认知会越来越全面，自我概念的内涵也变得越来越复杂。影响自我概念发展的主要有生物性与社会性两大因素，社会性因素又可细化为社会语言、社会反馈、社会比较、社会认同。

（一）生物性因素

在不同的沟通情境中，个体会有某些稳定的思考特征与行为特征，犹言性格/人格。人格在很大程度上是由基因决定的，而与沟通相关的人格特质与生物性因素密切相关，可以说某种程度上个体的沟通方式是由人格决定的。

性格/人格虽然具有一定的稳定性，但也在发展变化。对于沟通而言，通过相关知识的学习和实际沟通的实践，可以控制、调整、改变沟通的方式。

（二）社会性因素

1.社会语言

语言是人类社会所特有的沟通符号。语言能使人类从幼时开始逐步学会表达认知、体验和行动，并逐步将具象体验组织成抽象概念，这是自我体验的重要路径。

2.社会反馈

从某种角度而言，个体的自我概念来自别人看待自己的方式。新生儿并没有认同的能力，而是借由观察他人对待自己的反应而评判自己。当语言逐渐开始介入之后，人类便学会用语言表达具象、抽象的事物，同时也开始认识自我，他人的评价潜移默化地融汇在自我概念之中。

3. 社会比较

社会比较也是认识自我的重要路径，即在与他人的对照中评价自己。这种比较会形成成功与失败两种结果，各自带来快乐满足或是伤心痛苦的感情。除了带来优劣的等级划分，比较还能让个体得出自己与他人相同或不同的结论，同样带来正常或是怪异的情感体验。

4. 社会认同

社会认同是指个体从孩童时期起通过与周围人的接触，将获得认可后的信念、价值观等融入性格/人格中的过程。认同是个体形成自尊、自信的重要来源。

三、自我的特征

自我概念具有主观性和拒变性两大基本特征。

（一）主观性

自我概念是主观形成的，个体对自我的认知来自生物性与社会性因素的影响，而社会性因素未必会带来完全正面、正确的反馈。因此，随着个体的不断成长与进步，自我认知也在不断调整与改变，不断更接近真实的自我。

（二）拒变性

1. 拒变性的含义

但是，这种调整与改变不会轻易成功，因为自我概念还具有拒变性的特征。认知保守主义是个体无意识采取的抗拒改变的措施，并且反而强化了已有的自我概念。

2. 改变的路径

个体应当对自己有正确的认知，这种认知来自他人，更来自自己的学习，还应多向可信的人寻求反馈。同时，应对自己有切合实际的期望，并且很好地去完成以提升自我认同感。意识到自己的问题时要有改变的意愿和技巧，通过实际行动成为更好的自己。

【课堂实践】

每人分享自己的三个优点，并思考自己是更在意缺点还是优点，这种思维方式是否影响了自我概念的建立？

四、自我沟通

（一）自我沟通的含义

1. 自我沟通的定义

自我沟通又称内向沟通，是指个体接受外部信息并在内部进行信息处理的活动，是与自己进行的信息交流。

2. 自我沟通的过程

自我沟通是由感觉器官接收信息、神经系统传输信息、大脑处理信息、发音器官输出信息等环节构成的生理过程。

（二）自我沟通的内容

自我沟通大致包括自我认知、自我管理以及提升情商等内容。

第二节　自我认知

一、自我认知的分类

根据自我认知的内容不同，可以分为物质、精神和社会三个层面，也分别对应了个体的物理、心理和社会属性；根据自我认知的角度不同，可以分为现实自我、投射自我和理想自我三个方面；根据自我认知的作用不同，可以分为积极的和消极的两类。

（一）根据内容分类

1. 物质层面——物理属性

自我认知的物质层面是指个体对自己物质方面的认知、了解和控制，如身体的状况、拥有的东西等。

2. 精神层面——心理属性

自我认知的精神层面是指个体对自己精神心理方面的认知、了解和控制，如智商、情商、兴趣、爱好、性格、气质、理想、信念等。

3. 社会层面——社会属性

自我认知的社会层面是指个体对自己在社会关系中角色的认知、了解和控制，如国籍、民族、地位、作用、权利、义务等。

（二）根据角度分类

1. 现实自我

现实自我是指个体从自己的立场和观点出发，对自己实际状况的看法和评价，如大三学生、学习很好、体育很差、相貌平平等。

2. 投射自我

投射自我是指个体想象他人对自己的看法和评价及由此产生的自我感觉，如别人看不起自己或别人很认可自己等。

3. 理想自我

理想自我是指个体期待中的相对完美的自我形象或境界，是自己追求的目标，如生活的期待、学业的成就、事业的抱负等。

值得注意的是，理想自我虽然与现实自我不太一致，但是影响着个体的认知和行为，既可能因为理想和现实的差距引发沮丧和沉沦，也可能成为前进的动力和方向。这都是自我认知中客观存在的正常现象，应当理性看待、积极调整。

【课堂讨论】

你的理想是什么？目前距离理想的实现还有什么障碍？你准备怎么做？

（三）根据作用分类

1. 积极的自我认知

积极的自我认知是指对自己的积极评价和正面心理状态，如自尊、自信、责任感、义务感等。

2. 消极的自我认知

消极的自我认知是指对自己的消极评价和负面心理状态，如自卑、自馁、自我否定、自我放纵等。

二、自我沟通的起点

自尊与自信是自我认知的重要方式与路径，可以引发正向思考的良性循环，是自我沟通/人际沟通的逻辑起点。

（一）自尊

1. 自尊的定义

自尊是指欣赏自己的价值并对自己和他人的行为负责的态度。

2. 自尊的意义

拥有积极自尊的人对于自己的人生价值有着深刻的理解与正向的肯定，由此也能够获得积极的自我概念。良好积极的自尊可以带来思想及行为的良性循环，反之不仅会进入恶性循环，还会破坏人际关系，因为不自爱、不自重的人也很难获得他人的认同和尊重。

值得注意的是，自尊应当理性、适度，过分自尊便是自负，同样难以获得他人的认同和尊重。

3. 自尊的培养

培养自尊的过程伴随个体的一生，自尊的增强建立在自己的成功以及与他人积极互动的基础之上。培养自尊大致可以从五个方面着手。

第一，罗列自身优点。欣赏自己的优点、长处、美好品质等是培养自尊的有效方法，也是最简便易行的方法。应当学会肯定自己、重视自己、赞赏自己。

第二，取得全新成绩。通过完成新任务、解锁新技能、取得新成就等过程，可以收获自己与他人的肯定，有效增强自尊。

第三，主动展示自己。是金子总会发光，但有时也应找准时机，适当主动展示，他人对你的了解越多，理解就越多，自己的自尊也就越强。应注意时机的选择与展示的多少，度的判断仍需在沟通中不断揣摩把握。

第四，选择沟通对象。避免和充满负能量的人以及将自己的良好感觉建立在贬低他人基础之上的人交往，可以增强他人自尊的人必定是自尊之人，应多向这样的人寻求真实、积极的反馈。

第五，选择比较对象。与强于自己的人比较是上行比较，与不如自己的人比较是下行比较，无论何种比较都可能存在两种结果。因此，应根据自身特点选择恰切、合理的比较对象，以激发自尊、激励行为。

（二）自信

1. 自信的定义

自信是指发自内心的自我相信、自我认同和自我肯定。

2. 自信的意义

自信同样可以带来思想及行为的良性循环，自信的人也会获得他人的认同和尊重。但自信同样应当理性、适度，过度自信便是自大，效果适得其反。

3. 自信的树立

自尊与自信具有共通之处，自尊更多的是对自身整体价值的深刻认可，自信更多的则是对自身做事正确与否的积极判断。培养自尊的同时往往也能增强自信，因为自尊可以全面改善对自我的认知和判断。树立自信也大致可以从五个方面着手。

第一，积极看待自己。相信命运掌握在自己手中并勇于承担责任，全面积极地认识自己，尤其是在他人面前肯定自己。

第二，不断学习进步。不断学习新知识，掌握新技能，能为自己或他人遇到的问题进行理性分析，提供解决方案，正是展示自信、塑造自信的过程。

第三，力所能及做事。做事不一定贪大求全才能获得自信，选择当下就能做的小事并完美实践，自信便会自然产生。

第四，热爱本职工作。对本职工作有认可、自豪之情，工作的时候自然充满干劲与动力，取得成绩之后又会增强自信。

第五，选择有利言行。选择一些有利于增强自信的言行举止，如穿着得体、举止得当、正视他人、当众发言等，真诚地面对自己和他人。

【课堂讨论】

你是否自信？根源是什么？

三、自我认知的误区

不同个体对自我认知可能会存在不同的误区，就大学生群体而言，生活环境的改变、学习环境的改变、人际关系的改变、人生的新体验与新转折等纷至沓来，必然会产生矛盾与困扰，主要表现在自傲、自卑、虚荣等自我认知的误区上，认识到是误区之后进行合理改善，是完善自我认知、实现自我沟通与成长的必经之路。

（一）误区

1. 自傲

自傲是指过高估计自己的自我认知。自傲带来以自我为中心、盛气凌人的言行状态。

2. 自卑

自卑是指过分否定自己的自我认知。自卑带来轻视自己、强调短处、自惭形秽、胆怯畏惧等心理状态，多选择逃避的方式面对人或事。

3. 虚荣

虚荣是指追求虚假荣誉的心理状态。虚荣将引起他人的羡慕、赞赏作为言行的目标，多选择极端错误的方式获得荣誉，同时多有强烈的忌妒心理。

（二）改善

培养自尊、树立自信是改善自我认知误区的有效方式，除此之外还可以通过积极的心理暗示与情绪调节进行改善。

1. 肯定自己的独一无二

世上没有两片相同的树叶，也没有两个相同的人，每个人都是独一无二的存在，都有自己的独特价值与优势。

2. 排除干扰、自我激励

人性都有弱点，战胜弱点需要不断进行自我激励，在排除干扰实现既定目标之后又会强化积极的心理状态。

3. 调节自我负面情绪

无论是自傲、自卑，还是虚荣，都不是正面积极的心理状态，学会发现不好的苗头就及时调整，控制好自己的情绪、心态以及言行，这便涉及提升情商与自我管理。

【课堂讨论】

大学给你带来了什么？

第三节　提升情商

一、情商的含义

情商（EQ，Emotional Quotient）由美国心理学家彼得·沙洛韦和约翰·梅耶于1900年提出，在现代社会越来越具有普适性的指导价值。智商后天可塑空间有限，情商后天提升空间巨大，是各个领域认可的重要利器。

（一）情商的定义

情商是指个体对自己的情感、情绪的控制、管理能力以及社会沟通中的交际、调节能力。

（二）情商的内容

情商不只是日常所说的“共情”能力，其包括自知、自控、热情、坚持、交际技巧等多方面的能力。

1. 自我情绪察觉能力

自我情绪察觉能力是情商的基础。了解自我的真情实感是了解自己的重要部分，了解并控制情绪才能以主动的姿态学习、工作和生活，否则便会沦为情绪的奴隶，无法面对该做的一切。

2. 自我情绪管理能力

管理建立在觉察、认知的基础之上，自我调整、自我安慰、摆脱焦虑和重新振作是情绪管理的基本内涵。

3. 自我情绪激励能力

适时进行自我激励，保持积极热忱，是取得成绩的重要保障，有激情才能有动力，有动力才能有效率，积极行动才能达成目标。

4. 他人情绪察觉能力

具有共情能力的人能够察觉到他人情绪背后的真实意愿、实际需要，进而据此进行言行举止的调整，自然能够受到他人的欢迎和认可。

5. 人际关系管理能力

人际关系建立在共情能力之上，察觉、理解之后付诸行动，能够更好地建立人际关系。管理好学习、工作和生活中复杂的人际关系网，既是情商的重要组成部分，也是沟通能力的重要组成部分，更是综合能力的重要体现。

二、提升情商的路径

情商的提升也是对自己全面的提升。提升情商大致可以从六个方面着手。

（一）明确人生目标

成功的标准因人而异，不能以他人的标准来限定自己，事业、金钱、权力、名誉、健康、家庭、兴趣、愉悦等不一而足，并没有一定之规。每个人都应当树立自己的人生目标，找到人生的前进方向。

值得注意的是，人生目标应当是一个体系，而不是单一的名词，找到这个目标体系的主干与分支，明确先后关系、相互联系，有助于落实到具体行动之中。

【课堂实践】

写下/画出你的人生目标体系。

（二）树立追赶目标

给自己树立一个值得追赶的人也是提升情商的重要方法。在向他学习、追赶的过程中，不断调整自己、完善自己、提高自己。

（三）保持积极心态

保持积极的心态首先应当以自己的标准来衡量自己，以自己的节奏过自己的人生，快乐是心态是否积极的重要判断指标。保持积极的心态还应当在追求个人成长的同时寻求与他人建立亲密的关系，共同收获快乐。

（四）保持学习状态

不断学习、充电是提升自我、提升情商的有效路径。知识的扩充、视野的开阔、底蕴的增强、能力的扩展都能不断完善自己的标准，修正自己的节奏，也为提升情商提供有力的基础与保障。

（五）删除分心事物

学习、工作和生活中总有一些人或事会浪费不必要的时间，牵扯不必要的精力，导致身心俱疲。对于分心的事物，首先应当尝试调整、解决，若无果且无益则可以考虑删除；对于只知索取不知回报的人，可以选择正视但划清心理界限，也可以选择放弃。

【课堂实践】

列出让你分心的事物的清单，思考是否可以改变以及改变的方式。

（六）学习对手优点

对手或是难以相处的人正是提升情商的有效对象。在与他们的相处中，在对他们的观察中，发现问题、警示自己，是提升情商的最为迅捷的途径。

三、阳光心态的培养

（一）阳光心态的作用

心态是指心理状态。心态由内而外影响着个体的内在情绪及外在言行。

塑造健康、达观、知足、感恩的阳光心态，可以建立积极的价值观，释放有效的正能量，获得强大的沟通力，实现人生的众目标。

（二）阳光心态的塑造

塑造阳光心态大致可以从接受自己、改变态度、享受过程、活在当下、情感独立、服务他人、学会感恩等七个方面着手。

1. 接受自己

既要肯定独一无二的自己，也要坦然接受自己的不完美。每个生命个体都是不完美的，取长补短、丰富生命才是应有的心态。

2. 改变态度

有些事情已然无法改变，改变自己的态度与看问题的角度才不致伤害自己。很多时候，严重的不是事情本身，而是自己对事情的看法以及想得太多。

3. 享受过程

生命是一个过程，生命中所经历的所有人和事都是过程，把注意力放在积极的事情上，享受过程所带来的一切风景，应整体向好、不拘小节，真正学会放下。

4. 活在当下

活在当下是要学会发现生活中的美，欣赏每个瞬间、热爱生命，走好自己当下该走的每一步，利用已有资源做好能做的每一件事，相信未来并不是消极等待。

5. 情感独立

情感独立不是孤立自己，而是不要将自己的情绪建立在他人的言行之上，学会控制情绪，坚持自我理性判断。

6. 服务他人

学会欣赏他人、宽容他人、善待他人和服务他人，在力所能及的范围之内为他人，也是为社会多做奉献，是收获自我肯定与他人肯定的有效路径。

7. 学会感恩

学会感恩他人并恰切地表达心意，是人际关系、社会沟通的重要润滑剂，是社会和谐的重要基础。同时，感恩也能收获好的心情。

【课堂讨论】

喜怒哀乐直接表现在脸上的人，可能有哪些优点和缺点？是否值得提倡？

第四节 自我管理

一、学习管理

学习管理和时间管理、情绪管理、压力管理一样，都是自我管理的重要内容，也是自我沟通的重要组成部分。

（一）学习管理的作用

1. 只有学习才能适应变化的需要

这种变化可能来自学习、工作和生活中的任何一方面，只有以开放的心态树立与时俱进的终身学习观，才能适应日新月异的时代变化和社会发展，赢得先机。

2. 只有学习才能获得持续的成功

任何“吃老本”都只能坐吃山空，不可能长久维持，只有不断学习、提升能力、增加竞争优势，才可能在学习、工作、生活等各方面持续有所收获。

（二）学习管理的流程

每个人都从小便开始学习，但不是每个人都会学习。善于学习需要从制订科学合理的学习管理流程开始。学习管理的流程包括制订合理学习计划、积极实施学习计划和反馈评估学习效果三个主要内容。

1. 制订合理学习计划

首先应当确定学习目标，即预期达到的学习效果。学习目标应切合当前实际学习、工作和生活中自我发展的实际需要。

其次应当制订学习计划，以做什么、怎么做、何时做等为主要框架，科学合理地安排学习内容、学习方式、学习时间等。

2.积极实施学习计划

首先，应当按照制订的计划严格落实学习任务。在这一过程中应尽量排除干扰，如遇不可抗力难以完成计划，应及时灵活调整。

其次，应当利用各种有效资源提升学习效率。

【课堂实践】

列出你能够利用的学习资源并按重要性排列。

3.反馈评估学习效果

学习有了反馈和评估，效果会大大增强。反馈和评估可以自己对照学习目标进行评判，也可以由他人进行评估，得出改进意见，指导下一步的学习。

二、时间管理

（一）时间管理的含义

1.时间管理的定义

时间管理是指以最少的时间投入获得最佳的效果。

2.时间管理的核心

时间管理不是要把所有的事情都做完，而是有效地利用时间，核心在于控制事件、控制时间。

（二）时间管理的误区

时间管理的误区是指导致时间浪费的各种因素，归根结底都在于自身，如缺乏工作计划、缺乏组织能力、缺乏时间观念、无法拒绝请托等。

1.缺乏工作计划

计划是时间管理的重要保障，应当在计划中明确目标、路径、执行、反馈等内容，否则极易浪费时间、徒劳无功。

2. 缺乏组织能力

组织能力一方面是指具体实施过程中对于事件轻重缓急以及人员安排等缺乏全面考虑，另一方面是指对于自己所掌握资料、材料等缺乏合理整顿。

3. 缺乏时间观念

缺乏时间观念最主要的表现便是常说的“拖延症”，这种拖延可能来源于畏难情绪、懒惰情绪、逃避心理、缺乏责任感等。

4. 无法拒绝请托

不能拒绝请托会使自己陷入被动，打乱计划安排，不仅已有目标可能受到影响，新接任务也有可能难以完成。请托情况多样，应当在廓清职责、权衡利弊、分析结果之后做出正确选择。

【课堂讨论】

你是否存在关于时间管理方面的问题？是否影响了你的学习、工作和生活？

（三）时间管理的方法

1. 明确目标

目标明确才能在众多事件中找到主要的方向，同时明确长期目标和短期目标，以便合理安排时间。

2. 制订计划

计划可以有效控制时间的安排，使任务的完成、目标的实现变得有条不紊、效率提高。

3. 管理矩阵

若将要完成的事件繁杂，应当实现时间矩阵管理。有效的方式就是列出事件的主次和轻重缓急、其对应所需时间与自己可用时间后，进行合理安排。

【课堂讨论】

你是否知道80/20法则？其对时间管理有什么启示意义？

三、情绪管理

（一）情绪管理的含义

1. 情绪的定义

情绪是指个体对客观事物的态度体验及相应的行为反应。一般而言，人类具有快乐、愤怒、恐惧和悲哀四种基本情绪，其他复杂情绪则由此派生。

2. 情绪的分类

按照情绪发生的强度、速度、紧张度、持续度等可以将其分为心境、激情和应激三种类型。

心境是一种微弱的、平静的、持续时间较长的情绪状态。

激情是一种强烈的、爆发的、持续时间较短的情绪状态。

应激是一种由突如其来的紧急情况引起的急速而又高度紧张的情绪状态。

3. 情绪的管理

加强情绪的管理首先应当识别自我情绪，即了解情绪的变化、判断情绪的影响，能够主动调整心理并做出恰当的言行反应。

识别自我情绪可以采用记录法、反思法、恳谈法等方法了解情绪变化规律，思考情绪产生的影响，为管理情绪提供参照。

提高情绪管理能力应有直面情绪的态度，即愿意观察、愿意面对、愿意解决、愿意留白。其中，愿意留白是指给自己和他人都留下观察、思考和控制自己情绪的时间，不做冲动言行。

（二）情绪控制的方法

1. 换个角度

很多事情都有两面性，情绪失控时不妨换个角度重新审视，可能便会柳暗花明。

2. 转移注意

转移注意是较为常用的控制情绪的方法，可以换个环境开阔心境，换件事做愉悦心情，换个关注点转移注意，等等。

3. 能屈能伸

弯曲不是软弱而是坚韧，忍一时风平浪静，退一步海阔天空，包容他人、宽和处事，化阻力为动力、化痛苦为力量，不逞一时之快，选择笑到最后。

4. 适当释放

不良情绪积压过多时应选择恰当的方式进行释放，宣泄之后会使心情平静、情绪平和，否则易引起心理、生理的疾病。

5. 语言调节

语言文字是有效的情绪调节工具，无论是说出来还是看到，都会起到一定的作用，如将控制情绪相关的话语挂在墙上、放在桌上、设置在手机屏幕上等。

6. 环境调节

转移注意力时可以换个环境，正是因为环境的光线、色调、大小、声音等因素都能带给人不一样的情绪体验，所以利用不同环境调节情绪是有效路径之一。

7. 自我激励

在情绪处于低谷、遭遇挫折失败、信心不足、自卑失落时，都应做到自我激励、奋起努力，唤起内在动力，调节情绪状态。

【课堂实践】

设定“你考了第一，拿了一等奖学金，还保了研”“你在地铁上被人踩了，还被骂了”“你被不良少年威胁不给钱就来学校宣扬你的隐私”“你弄丢了父母省吃俭用给你买书的钱”等情境，分组表演并讨论可能产生的情绪、后果以及如何控制。

四、压力管理

（一）压力的含义

1. 压力的定义

压力是指个体认为某种刺激超出个人承受范围所表现出的激动、紧张、不安、威胁等心理体验的总和。

2. 压力的来源

生理性压力是指躯体的刺激作用所造成的心理体验。

心理性压力是指头脑中紧张性信息所造成的心理体验。

社会性压力是指社会性情境与事件要求个体做出生活方式等的调整所造成的心理体验。

文化性压力主要是指进入全新语言文化环境所造成的心理体验。

3. 压力的反应

压力会导致个体产生自主神经系统、内分泌系统、免疫系统等生理反应。

压力适度会引起警觉、注意力集中、精神振奋、思维敏捷等正面心理反应；压力过大则会引发焦虑、悲观、沮丧、抑郁等负面心理反应。

压力会导致个体产生不同的行为反应，分为直接反应和间接反应。

（二）压力的管理

通过生理反应、心理反应、行为反应等方面可以对压力进行诊断，确定其来源于学习、工作、生活还是环境，进而采取一定的应对管理措施，防止压力造成严重的身心或经济损失。

1. 寻求帮助

可以向周围信任的人征求意见、寻求支持等，即便不能完全解决问题也能有效释放压力。

2. 管理时间

失去对时间的把控也会带来压力，无论是学习、工作和生活的哪一方面，都应对时间进行合理安排、有效控制，改善压力状况，进入全新状态。

3. 保持健康

规律的作息、合理的饮食和适当的锻炼是保持身体健康的三个主要因素，身体健康可以更加自信、清醒、理智地应对压力。身体健康的同时也会影响情绪的正面状态，不断增强面对压力时的耐力。

4. 自我调节

自我调节就是学会放松自己，放松身体和精神，使体魄健康、内心平和、心理松弛和精神愉悦。

【课堂实践】

你的压力来自哪里？有没有缓解压力的小妙招？

【课后作业】

1. 回顾课堂内容，预习下周内容。

2. 根据目前需要给自己制订一份详细的学习计划和时间计划，根据每人计划完成时间在课堂上向同学展示并说明。

【推荐影视】

电影《风雨哈佛路》（*Homeless to Harvard: The Liz Murray Story*，2003）

电影《贫民窟的百万富翁》（*Slumdog Millionaire*，2008）

【延伸阅读】

国际标准情商测试题

共5组33题，测试时间25分钟。

第1组

1. 我有能力克服各种困难：________

A. 是的　B. 不一定　C. 不是的

2. 如果能到一个新的环境，我要把生活安排得：________

A. 和从前相仿　B. 不一定　C. 和从前不一样

3. 一生中，我觉得自己能达到我所预想的目标：________

A. 是的　B. 不一定　C. 不是的

4. 不知为什么，有些人总是回避或冷淡我：________

A. 不是的　B. 不一定　C. 是的

5. 在大街上，我常常避开我不愿打招呼的人：________

A. 从未如此　B. 偶尔如此　C. 有时如此

6. 当我集中精力工作时，假使有人在旁边高谈阔论：________

A. 我仍能专心工作　B. 介于A、C之间　C. 我不能专心且感到愤怒

7. 我不论到什么地方，都能清楚地辨别方向：________

A. 是的　B. 不一定　C. 不是的

8. 我热爱所学的专业和所从事的工作：________

A. 是的　B. 不一定　C. 不是的

9. 气候的变化不会影响我的情绪：________

A. 是的　B. 介于A、C之间　C. 不是的

第2组

10. 我从不因流言蜚语而生气：________

A. 是的　B. 介于A、C之间　C. 不是的

11. 我善于控制自己的面部表情：________

A. 是的　B. 不太确定　C. 不是的

12. 在就寝时，我常常：________

A. 极易入睡　B. 介于A、C之间　C. 不易入睡

13. 有人侵扰我时，我：________

A. 不露声色　B. 介于A、C之间　C. 大声抗议、以泄己愤

14. 在和人争辩或工作出现失误后，我常常感到震颤、精疲力竭，而不能继续安心工作：________

A. 不是的　B. 介于A、C之间　C. 是的

15. 我常常被一些无谓的小事困扰：________

A. 不是的　B. 介于A、C之间　C. 是的

16. 我宁愿住在僻静的郊区，也不愿住在嘈杂的市区：________

A. 不是的　B. 不太确定　C. 是的

第3组

17. 我被朋友、同事起过绰号、挖苦过：________

A. 从来没有　B. 偶尔有过　C. 这是常有的事

18. 有一种食物使我吃后呕吐：________

A. 没有　B. 记不清　C. 有

19.除去看见的世界，我的心中没有另外的世界：________

A.没有 B.记不清 C.有

20.我会想到若干年后有什么使自己极为不安的事：________

A.从来没有想过 B.偶尔想到过 C.经常想到

21.我常常觉得自己的家庭对自己不好，但是我又确切地知道他们的确对我好：________

A.否 B.说不清楚 C.是

22.每天我一回家就立刻把门关上：________

A.否 B.不清楚 C.是

23.我坐在小房间里把门关上，但我仍觉得心里不安：________

A.否 B.偶尔是 C.是

24.当一件事需要我做决定时，我常觉得很难：________

A.否 B.偶尔是 C.是

25.我常常用抛硬币、翻纸牌、抽签之类的游戏来预测凶吉：________

A.否 B.偶尔是 C.是

第4组

26.为了工作我早出晚归，早晨起床我常常感到疲惫不堪：

是________否________

27.在某种心境下，我会因为困惑陷入空想，将工作搁置下来：

是________否________

28.我的神经脆弱，稍有刺激就会使我战栗：

是________否________

29.睡梦中，我常常被噩梦惊醒：

是________否________

第5组

1从不 2几乎不 3一半时间 4大多数时间 5总是

30.工作中我愿意挑战艰巨的任务。1 2 3 4 5

31.我常发现别人好的意愿。1 2 3 4 5

32.能听取不同的意见，包括对自己的批评。1　2　3　4　5

33.我时常勉励自己，对未来充满希望。1　2　3　4　5

第1—9题，回答A得6分，回答B得3分，回答C得0分。计____分。

第10—16题，回答A得5分，回答B得2分，回答C得0分。计___分。

第17—25题，回答A得5分，回答B得2分，回答C得0分。计___分。

第26—29题，回答“是”得0分，回答“否”得5分。计______分。

第30—33题，从左至右分数分别为1分、2分、3分、4分、5分。计______分。

总计______分。

90分以下：你的EQ较低。你的自我意识很差；常常不能控制自己，极易被自己的情绪所影响；容易被激怒；严重依赖他人；无确定的目标；处理人际关系能力差；应对焦虑能力差；生活无序；无责任感。

90—129分：你的EQ一般。你缺乏坚定的自我意识；容易受他人影响；自己的目标不明确；把自尊建立在他人认同的基础之上；能应付较轻的焦虑情绪；善于原谅。

130—149分：你的EQ较高。你是一个负责的人；有独立人格，在一些情况下易受他人焦虑情绪影响；比较自信，不自满；比较快乐，不易忧；有较好的人际关系；能应对大多数问题，不会有太大的心理压力；有自尊。

150分以上：你的EQ超高。你懂得尊重他人的人权和人格尊严；不将自己的价值观强加于他人；对自己有清醒的认识；能承受压力；自信而不自满；人际关系良好，和朋友、同事能友好相处；善于处理生活中遇到的各方面问题；能认真对待每一件事。

第七周　人际沟通

教学内容

交谈技巧；倾听技巧；冲突处理；亲密关系。

教学学时

理论学时2学时，实践学时2学时，共计4学时。

教学目的

通过理论讲授，使学生基本了解交谈、倾听的含义，冲突处理的方式，与家人、友人、爱人等的亲密关系的内容；通过实践训练，使学生大致掌握交谈、倾听、处理人际冲突、亲密关系沟通等基本技巧。

教学重点

交谈的技巧；倾听的技巧；冲突的处理方式；亲密关系沟通。

教学要求

1.布置课前预习，浏览教材内容。

2.理论讲授少而精，课堂互动巧而优。

3.选择经典音视频，讲解教学重难点。

4.结合丰富典型案例，指导有效实践训练。

5.布置适量课后作业，融会贯通课堂内容。

教学模式

理论讲授+实践训练

第一节 交谈技巧

一、交谈的含义

（一）交谈的定义

交谈是指两人或多人以谈话为基本形式进行的言语活动。

（二）交谈的特征

1. 符号的混杂性

一般情况下，人们借助一套共同的语言符号和沟通规则进行交谈；但在一些沟通情境中，由于交谈参与者国籍、民族、职业、年龄、爱好等的不同，可能会使用混杂的而非单一的语言符号和沟通规则进行交谈，如中国话和外国语混说、书面语和网络语混用等。

【课堂讨论】

网络用语对于语言生活是利大于弊还是弊大于利？

2. 形式的多样性

一般情况下，交谈需要面对面进行，但随着社会的进步、媒介的发展，交谈的形式日趋多样，借助电话、网络等媒介进行交谈已经成为较普遍的沟通形式。

（三）交谈的作用

交谈是沟通信息、交流感情、表达思想等的重要工具，是人际交往的主要手段。

1. 互通有无

相识之人之间的交谈，是沟通信息、交流感情、表达思想等的有效途径，同时也是学习知识、增长才干、提升能力和丰富情感的重要途径。

2. 建立关系

陌生人之间的交谈，除却明确的沟通目的，还是建立关系的有效途径，而善于交谈的人更易建立全新的、良好的人际关系。

3. 推动发展

交谈是现代社会最为普遍的沟通交流方式，除了和谐人际关系，还起着统一思想、传承文化、推动社会生产力发展、促进人类文明进步等重大社会历史作用。

二、交谈的基本技巧

交谈的基本技巧大致可以从开场、话题、提问、答问、结束等交谈的具体过程来看。

（一）开场

交谈时开场的第一句话是给他人的第一印象，在沟通中具有重要的意义。一般而言，开场多为常用的套话，根据具体情况可附带自我介绍。常见的有问候、攀认、敬慕等开场技巧，同时应注意在交谈时面带微笑。

1. 问候

问候是最普遍、最基本的交谈开场，一般以“您好”等向交谈对象致意，具有礼节性，根据不同对象、不同时间和不同情境会有具体差别。值得注意的是，问候也多与攀认、敬慕等搭配使用。

2. 攀认

攀认是指根据各种途径了解交谈对象后在交谈开场时找出与之存在的“亲”或“友”等关系。

3. 敬慕

敬慕是指对交谈对象表示一直以来的敬重、仰慕，交谈对象多为某一领域的专家、名人等。应注意表达敬慕必须是真情实感，否则很容易在具体交谈时发生尴尬。

（二）话题

1.话题的选择

正式场合的交谈沟通一般多为公务话题，但在正式沟通之前也会谈论相对轻松的话题和谐气氛，一般多选择国内外新闻热点、文体消息、历史文化等内容。

选择话题时应注意避免谈及他人年龄、收入、婚姻状况等隐私，避免非议、攻击、谩骂他人，避免涉及无聊、低级、庸俗以及令人不适的话题。

【课堂讨论】

你是否在交谈中遇到过令人不适的话题？你是如何化解的？

2.话题的展开

交谈开始后应积极展开话题，可采用引导、补充、列举等技巧将话题顺畅向前铺开推进。

当交谈对象不再启齿时，可利用其已谈内容进行适时引导，继续深入话题。

当交谈对象所谈内容未能全面时，可进行巧妙补充，继续展开话题。

为了印证或质疑交谈对象所谈观点可列举事例进行说明，继续推进话题。

（三）提问

交谈中的提问与回答是交谈向前推进的重要动力，提问时应掌握平等交流、循序渐进、把握时机、因人而异等技巧，避免问之失礼、失时、失当和失度。

1.应平等交流，忌问之失礼

提问时应热情、真诚、礼貌和自然，提问方式与内容应得体、有礼，既不傲慢自负也不卑躬屈膝，平等交流、以礼相待。

2.应循序渐进，忌问之失时

提问时应由浅入深、循序渐进，大致按照“是什么”“为什么”“怎么办”的逻辑顺序进行提问。

3. 应把握时机，忌问之失当

提问时应针对交谈对象所谈内容恰当把握提问时机，谈兴正浓时继续提问，闪过有价值的内容时及时发问，三缄其口时不再追问。

4. 应因人而异，忌问之失度

提问时应根据交谈对象的学养不同有针对性地提问，在措辞、内容等方面因人施问，避免一个交谈套路用到底，也避免提问失度伤害他人。

（四）答问

在交谈中面对不愿回答、不能回答和难以回答的问题时，应掌握无效回答、答非所问、避而不答等回避技巧。

1. 无效回答

无效回答是指用无意义的话进行非实质性的回答。很多时候"不知道""不了解""不清楚"等回答看似给出了否定答案，实则也是无效回答。

2. 答非所问

答非所问是指不直接回答问题，或因避其锋芒、避其敏感等，以间接的方式回答提问。

3. 避而不答

避而不答是指面对一些不能、不宜和不愿回答的问题时，出于礼貌而转换话题、另说其他。

【课堂讨论】

遇到不便回答的问题，你是如何处理的？

（五）结束

交谈的结束不应虎头蛇尾，更不能无礼地戛然而止，而应完整圆满，为建立关系、下次交谈奠定基础，可以致谢、归纳、征询、交代等方式结尾。

1. 致谢

致谢是最普遍、最基本的交谈结尾，一般以各种客套话向交谈对象致谢，具有礼节性，根据不同对象、不同时间和不同情境会有具体差别。值得注意的是，致谢也多与归纳、征询、交代等搭配使用。

2. 归纳

归纳是指对交谈内容做简要总结后结束交谈的方式，可以显示对交谈过程态度认真、对交谈内容印象深刻。

3. 征询

征询是指根据交谈内容向交谈对象提请建议、征求意见、征询看法等结束交谈的方式，可以显示谦逊有礼、宽容大度。

4. 交代

交代是指对交谈内容的私密性、范围性等进行确认后结束交谈的方式，显得严谨、可靠，也能拉近交谈参与者的心理距离。

三、交谈的表达技巧

（一）语言表达技巧

在具体的交谈过程中，主要是通过有声语言及无声非语言进行交流，为了使交谈更顺畅、更有效，应当掌握言之有物、言之有理、言之有序、言之有要、言之有文、言之有趣、言之有略、言之有节、言之有情、言之有别、言之有礼等表达技巧。

1. 言之有物

言之有物即不说空话，在交谈时有观点、有内容、有内涵、有思想、有事实、有依据，避免空洞无物、夸夸其谈。

2. 言之有理

言之有理即有理有据，在交谈时逻辑严谨、使人信服，能够树立可靠的形象，避免浮皮潦草、强词夺理。

3. 言之有序

言之有序即讲求顺序，在交谈时根据话题内容明确轻重缓急，设计安排好谈话的层次性、顺序性，避免杂乱无章、不知所云。

4. 言之有要

言之有要即讲求重点，在交谈时围绕话题、重点突出、详略得当、主次分明，避免眉毛胡子一把抓、漫无边际一锅粥。

5. 言之有文

言之有文即内容精彩，在交谈时利用典故、成语、修辞方法、表达方式等使语言更具文采、更显风采，避免枯燥干巴、味同嚼蜡。

6. 言之有趣

言之有趣即生动活泼，在交谈时利用小幽默、小段子以及自身幽默感等使语言轻松有趣、气氛愉悦和谐，避免一板一眼、刻板僵化。

7. 言之有略

言之有略即讲求策略，在交谈时利用逻辑思辨、表达方式等使语言更具智慧，更有效地实现目的，避免直来直去、冲动莽撞。

8. 言之有节

言之有节即点到为止，在交谈时讲究说话的度，不说过头话，争辩、提问、玩笑等适可而止，避免没深没浅、语出伤人。

9. 言之有情

言之有情即以情动人，在交谈时真诚地融入自己的思想感情，站在他人立场上组织语言、表达内容，避免自以为是、出言无状。

10. 言之有别

言之有别即灵活变通，在交谈时根据情境、对象、目的等采用不同的交谈方式，避免抱令守律、固执拘泥。

11. 言之有礼

言之有礼即讲求礼节，在交谈时注重有声语言及无声非语言的礼貌、礼仪，营造亲切、友好交谈氛围，避免傲慢不逊、目中无人。

（二）形象表达技巧

在交谈中，除具体的有声语言表达及无声非语言表达之外，整体的个人形象也能有效展现，应掌握保持本色、抱诚守真、承认错误等表达原则。

1. 保持本色

保持本色是指不因交谈情境、对象、目的等的不同放弃自我内在特质而曲意逢迎、盲目应和。

2. 抱诚守真

抱诚守真是指诚实地面对自己，真诚地待人接物，而不班门弄斧、不懂装懂。

3. 承认错误

承认错误是指在交谈中若出现错误、失误等应勇于承认并且及时补救、立时改正。

【课堂讨论】

你是否善于承认错误，真诚面对自己？这对你的沟通有什么影响？

第二节　倾听技巧

一、倾听的含义

（一）倾听的定义

1. 听

听是指声波传到耳膜引起振动后经听觉神经传送到大脑的过程。

2. 倾听

倾听是指大脑将电化学脉冲重构为原始声音的再现并赋予其意义的过程。换言之，就是在沟通过程中听到沟通对象的声音，并理解其信息、感情、思想的过程。

3. 听和倾听

听和倾听是两个相互联系又有着巨大差异的概念。听是人体听觉器官对声音的天然被动生理反应，倾听则是在听的基础上进行思维参与、情绪感受的有选择、有目的的主动复杂活动。有听力的人众多，但有倾听技巧的人有限。

【课堂讨论】

有人提出倾听必须有表情、眼神等的参与，你是否赞同？为什么？

（二）倾听的要素

倾听的过程大致包括听到、专注、理解、回应、回忆等五个要素。

1. 听到

听到是生理过程，是倾听的生理基础。先天和后天的因素都会导致听力障碍，在沟通时应视沟通对象的具体情况调整表达的方式。

2. 专注

专注是心理过程，是倾听的心理基础。面对无时无刻不在出现的各种声音，注意力应当集中于重要的信息上，这是知觉的选择过程。

3. 理解

理解是思维过程，是倾听的思维基础。专注于某个信息不代表对其理解，还需要主动的思维参与对其赋予意义。

4. 回应

回应是反馈过程。沟通的本质是交流，倾听并不是一个单向的活动，而是沟通交流的主动参与者，在倾听时的无声非语言表达正是回应、参与的有效方式。

5. 回忆

回忆是记忆过程。若记不住倾听到的内容，那么之前的听到、专注、理解和回应过程便都是无效的。

【课堂讨论】

你在听课时是听还是倾听？能记住多少信息？

（三）倾听的作用

倾听在沟通过程中具有重要作用，大致包括获取信息、解决问题，鼓励对方、增进关系，有效学习、提升自己等方面。

1. 获取信息、解决问题

在沟通过程中认真倾听沟通对象所说的内容，可以获得完整的、有效的信息，为解决实际问题、实现沟通目标助力。

2. 鼓励对方、增进关系

在沟通过程中，认真的倾听状态能够通过表情、神态、动作等无声非语言传递给沟通对象，从而鼓励对方说出更多、更有价值的内容；同时，当自己在表达的时候，对方也会认真倾听。由此，不仅形成沟通过程的良性循环，而且可以增进理解、加深了解，有效改善沟通几方之间的关系。

3. 有效学习、提升自己

在沟通过程中，有效倾听沟通对象所说的内容，还能从中接触到自己不熟悉的领域，学习到自己不了解的知识；多倾听、多思考还能锻炼自身分析问题、解决问题的能力。另外，少说多听，能够合理把握恰当的说话时机和表达内容，提升自己的沟通能力。

【课堂讨论】

如何看待“插话”？

二、无效的倾听

即便是“倾听”而不是“听”，也并非都是有效的，有些倾听在沟通中并不能起到积极的有效作用。无效倾听主要由主观和客观两方面的因素造成。

（一）主观方面

主观方面的无效倾听主要来自倾听目的的不同，如虚假倾听、自恋倾听、选择倾听、反击倾听等。

1. 虚假倾听

虚假倾听是指通过无声非语言的虚假反应模仿倾听的状态，但实际并未真正倾听。虚假倾听是虚伪沟通，无法产生沟通的效果。

2. 自恋倾听

自恋倾听是指倾听完对方表达之后直接将话题引向自身，即始终从对方的表达中找寻和自身相关的内容进行接续表达。另外，自恋倾听还善于打断他人进行插话。

3. 选择倾听

选择倾听是指对于沟通对象所说的内容有选择地倾听，或选择自己感兴趣的、想听的，或屏蔽自己不感兴趣的、不想听的。

4. 反击倾听

反击倾听是指倾听的目的在于反击对方所说的内容，有防卫性和埋伏性等具体类型。

【课堂讨论】

如何看待倾听中的“先入为主”？

（二）客观方面

客观方面的无效倾听主要来自难以回避的客观原因，如信息超载、噪声干扰、身体疲劳等。

1. 信息超载

在倾听的时候，如有大量信息以各种方式同时涌来，或者沟通对象语速过快、内容太多，便会导致信息超载、倾听失效。

2. 噪声干扰

在倾听的时候，如有外部噪声干扰或其他打扰，也会导致倾听无效。

3. 身体疲劳

倾听需要集中注意力、耗费心力，在倾听的时候如有不可抗拒的生理劳累，亦会导致难以集中精力进行倾听。

三、倾听的技巧

有效倾听大致可以从倾听前、倾听时和倾听后三个阶段具体来看。

（一）倾听前

倾听前即沟通前，应做好平和心态、集中精力，搞清前提、明确目的等方面的准备。

1. 平和心态、集中精力

倾听涉及沟通几方的生理、心理、情感等多方面因素，具有情绪化的特点。心境平和、精神集中能够提高倾听效率、沟通效果，心烦意乱则难以集中精力。

2. 搞清前提、明确目的

在沟通之前应当明确沟通的形式、情境、目的、目标等，如辩论与交谈不同、互利互惠与志在必得不同。前提清晰、目的明确才能使沟通几方有效倾听、思考与对话。

（二）倾听时

倾听时即沟通中，应做到开放心态、积极投入，克服惯性、积极理解，关注差异、积极回应等。

1. 开放心态、积极投入

在倾听时应有开放的心态，不要先入为主，不要过早下定论，应积极投入沟通，表现出兴趣，认真去倾听。

2. 克服惯性、积极理解

在倾听时应全面倾听，全面关注沟通对象所说内容以及其无声非语言的表达，全面理解、分析其表达的表层意义与深层意义，克服惯性思维，积极思考理解。

3. 关注差异、积极回应

根据具体沟通情境、对象、目的等的不同，灵活调整回应方式。回应既包括倾听过程中的有声语言及无声非语言的反应，也包括某段倾听之后的表达，总体而言应积极回应、推动沟通。

（三）倾听后

倾听后即沟通结束，应做到加强记忆、积极总结。无论是某段倾听之后还是沟通完全结束，都应以重复默念、记录关键点等方式加深记忆，确保倾听和沟通的实际效果。

【课堂实践】

两人一组进行5分钟的沟通，其中一人准备话题进行主要表达，另一人主要倾听。结束之后，双方对于沟通中的表达与倾听进行互评。

第三节 冲突处理

一、冲突的含义

（一）冲突的定义

1.冲突的定义

冲突是指至少两个相互依赖的个体在实现各自目标的过程中察觉到彼此目标的不相容、资源的不足、另一方的阻挠等并通过斗争的形式表达出来。

2.冲突的成立

冲突各方都意识到有冲突时，冲突才能成立。

冲突各方虽然有对立面，但又有某种层面的相互依赖关系，否则冲突也不能成立。

【课堂讨论】

你与身边的人是否会有冲突？他们与和你没有冲突的人相比有什么特点？

（二）冲突的特征

人际冲突既是普遍存在的，但同时其又可以具有建设性。

1.冲突不可避免

人际冲突是自然的、普遍的，是学习、工作和生活中不可避免的一部分，任何一段略有深度的关系都可能产生冲突。

2.冲突可能有益

既然冲突不可避免，就应在产生冲突时妥善处理。通过有效的沟通、恰当的处理，可以化被动为主动，变不利为有利，将已有的关系变得更好、更强韧。

【课堂讨论】

有没有某次人际冲突让你从中受益？

二、冲突的处理方式

冲突的处理大致有逃避、调试、竞争、妥协、合作等五种方式。无论哪种方式都有一定的优势，要根据不同的情境、对象、目的等恰当选择最合理的方式解决冲突。

（一）逃避：双输

面对冲突时的逃避会导致双输的结果。逃避反映出对待问题的消极、悲观态度，虽然可以暂时保持和平，但是也容易导致更大冲突的积累与爆发。

（二）调试：一输一赢

调试是面对冲突时自己对对方的让步，己方可能是受损的一方。但是，如果做出的让步是真诚的、发自内心的，那么对于增进关系会具有建设性价值。

（三）竞争：一输一赢

竞争是解决冲突的常见方式，总有一方会胜利。良性的竞争会有助于个体的成长，恶性的竞争则会导致难以估量的后果。

（四）妥协：部分双输

妥协是冲突各方各退一步，各有所得亦各有所失。妥协在很多情境下会达成合作与双赢，这也是解决冲突的常用方式。然而与可能的合作共赢相比，妥协则更倾向于双输的情况。

（五）合作：双赢

合作是在冲突中找到双赢的方式，表示冲突各方不仅关心自己也关心他人，用大家公认的方式解决冲突、达成目标。

三、冲突的处理技巧

一般而言，双赢是处理冲突的最佳方式，在具体处理冲突的时候还应注意确认问题、描述需求、换位思考、多手准备等技巧。

（一）确认问题

在处理冲突的过程中首先应确认是否是冲突，是自己单方面的问题还是双方共有的冲突，由此才能采取最为恰当的处理方式。

（二）描述需求

在处理冲突的过程中应尽量明确、清晰地表达自己的诉求，不能含糊其词、模棱两可，应确保冲突各方都能准确、全面地理解。

（三）换位思考

在处理冲突的过程中应认真倾听对方的诉求，站在对方立场上思考问题。这既是为了公平起见，也是建立双方和谐关系、为解决冲突所做的重要努力。

（四）多手准备

在达成协议、解决冲突之后，还应注意事件的后效应。不是所有事件都能瞬间完全解决，如果发现后续事件走向未能达成先前目标，可以再次协商更换解决方案，以使冲突各方都能获得最大利益。

【课堂实践】

以寝室为单位，说一说生活中的和谐与冲突，冲突是否解决了？解决的方式或计划是什么？

第四节 亲密关系

一、家人沟通

亲密是指一种密切结合、接触、联盟和熟识的状态，亲密关系则主要是指家人、友人和爱人之间的关系，这也是人际沟通中极为重要的三组关系。

（一）家人沟通的特征

无论家庭的形式是什么样的，家人间的沟通具有大致相同的特征，即养成性、角色性和自发性。

1.养成性

养成性是指原生家庭对孩子所产生的终身影响。不过，无论家人间的这种影响是正面还是负面的，都可以带来积极或消极的影响。

2.角色性

角色性是指家庭沟通由不同的角色驱动，在孩子成长的不同阶段，家人的角色标签可能会发生变化。

3.自发性

自发性是指个体的家庭及家庭成员是自己无法选择的，个体一旦出生便和他们产生了无法改变的关系。

（二）家庭系统的特征

家庭作为一个系统，具有依赖性、沟通性、嵌套性、整体性等特征。

1.依赖性

依赖性是指家庭成员之间具有相互关联、相互依赖的身份关系，其中某个成员的言行举止会影响其他成员。

2.沟通性

沟通性是指家庭系统中的各个成员以有声语言、无声非语言等进行沟通交流，是家庭关系的重要推动器与有效润滑剂。

3. 嵌套性

嵌套性一方面是指家庭系统嵌套于社会大系统之中，另一方面是指家庭系统具有层级性，每个家庭系统都有上级系统和次级系统。

4. 整体性

整体性是指家庭的意义大于个体的简单叠加，每个人都是独立的，但是在家庭内部，家庭成员之间的沟通、互动和成长，为个体和家庭系统都带来了更大的意义。

【课堂实践】

画出你所知道的家庭系统。你与他们关系如何？对你的成长有何影响？

（三）家人沟通的模式

家人之间的沟通内容大多相似，但沟通的方式会有不同，大致可以分为谈话取向、遵从取向两大类。

1. 谈话取向

谈话取向是指家人在讨论各种话题时的开放程度。谈话取向越高，家人沟通越自由、越频繁，越将沟通视为表达爱和愉悦的方式。

值得注意的是，沟通的内容也应考虑公开和隐私的界限，什么该分享、什么该保密应根据每个家庭的不同自主选择。

2. 遵从取向

遵从取向是指家人在强迫彼此态度、信仰、价值观等方面保持一致的程度。遵从取向越低，家庭成员越独立、平等和个性。

3. 四种模式

将谈话模式和遵从模式取高低两种程度，四种模式两两组合便得出四种家庭沟通基本模式。

表 7-1 四种家庭沟通基本模式

谈话取向	遵从取向	
高	一致型家庭	多元型家庭
低	保护型家庭	放任型家庭

一致型家庭既保留权威等级的压力，也注重公开话题的沟通。

多元型家庭沟通开放，没有限制，家庭成员平等、和谐。

保护型家庭强调对于权威的服从，不愿沟通想法和感受。

放任型家庭每个成员各行其是、互不干涉。

【课堂讨论】

你的家庭沟通模式是怎样的？有何利弊？

二、友人沟通

（一）友谊的类型

友谊是通过沟通建立并维持的，不同类型的友谊中沟通方式也不同。

1. 年轻的和成熟的

不同的年龄阶段拥有不同的友谊，随着个体的成长，对友谊的需求也有不同的侧重，如孩童时需要玩伴，青春期需要认同，年轻人需要扩展交际圈，老年人需要友谊带来的社会支持和身体健康。

2. 长期的和短期的

有些友谊会持续很多年甚至一辈子，有些友谊则会因各种原因而淡化甚至结束。

3. 关系导向的和任务导向的

关系导向的友谊建立于相互认可、相互喜欢的基础之上，以情感吸引为主；任务导向的友谊建立于共同爱好、共同活动的基础之上，以共性吸引为主；两种类型可能产生重叠。

4. 高袒露度的和低袒露度的

对于不同的朋友可能会沟通不同的内容，袒露度的高低与友谊的亲密程度即信任程度相关。

5. 高义务感的和低义务感的

对于不同的朋友可能会有不同的义务感，即对于朋友的需求是否有帮忙的意愿以及意愿的大小。

6. 频繁接触的和偶尔接触的

有些朋友可能联系频繁、紧密，有些朋友可能很久都不联系一次，然而接触的频繁程度与友谊的袒露度、义务感并没有正相关的关系。

【课堂讨论】

你最美好的一段友谊与最遗憾的一段友谊分别是什么样的？这对你有何启发？

（二）性别与友谊

性别在友谊之中也起着重要的沟通作用。

1. 同性友谊

女性更重视个人问题的探讨，将其视为亲密感的重要指标；男性更重视共同做事、活动和相互帮助所带来的彼此欣赏。

2. 异性友谊

异性友人可以带来同性友人所没有的全新角度，对于解决困扰具有独特的价值与优势。

【课堂讨论】

你认为异性之间是否存在纯友谊？你和同性朋友、异性朋友之间的沟通模式一样吗？

三、爱人沟通

（一）爱情关系的特征

爱情可以说由三部分组成，即亲密、激情和承诺，分别是爱情中温暖、热烈和冷静的部分。三个部分的不同组合可以得出七种可能的爱情，每一种都有不同的沟通方式。完美的爱情应当是三者的结合，是理想的状态。

1. 亲密

亲密是指爱人间的亲近程度和联结程度。

2. 激情

激情是指爱人间身体的吸引和情绪的激发。

3. 承诺

承诺是为长期维持一段关系而做出的决定，是爱情中理性的一面。

（二）爱人的冲突类型

爱人之间的冲突类型大致有波动型、回避型和效用型三种。三种类型各有存在的土壤，关键在于双方度的把握。

1. 波动型

波动型是指双方存在强烈、激动的争吵，将争论视作必须要赢的比赛。

2. 回避型

回避型是指双方尽量忽略问题、避开敏感话题，对冲突迅速、冷静地进行处理。

3. 效用型

效用型是指双方以合作的方式管理冲突，通过文明的方式对话、倾听并找出解决路径。

（三）表达感情的方式

无论是面对冲突还是日常相处，爱人之间应当适当表达自己的感情，可以通过语言、相处、礼物、服务、接触等方式表达爱意。每个人认可的方式不一样，应当在相处中找寻最合适的方式表达。

1. 语言肯定

肯定的语言包括赞美、表扬、支持等，可以直接用语言表达，也可以通过书信便签、社交媒体等传达。

2. 品质相处

当爱人需要你的时候，你应当陪伴在其身边，提供毫无保留的帮助并给予全心全意的关注，让相处的时间具有高品质、高浓度。

3. 必要礼物

在必要的时间节点赠送对方需要的礼物也是重要的方式，有时赠送礼物的行为比礼物本身更让对方觉得必要。

4. 服务行为

帮助爱人做一些家庭服务工作也是重要的方式，尤其是对方不愿做的家务。

5. 身体接触

必要的、恰当的身体接触可以表达亲密和爱意，不用说出来便可以进行情感的沟通。

【课堂讨论】

社交媒体对爱情有什么正面或负面的影响？

【课后作业】

1. 回顾课堂内容，准备期中考查。

2. 和父母进行视频交谈，探讨代际沟通最重要的是什么，形成简要的文字并总结沟通的感受。

【推荐影视】

电影《寻找伴郎》（*I Love You, Man*，2009）

电影《饥饿游戏》（*The Hunger Games*，2012）

【延伸阅读】

把话说到点子上

长话短说、直话弯说、冷话热说、反话正说

欣赏、赞美、感激、理解、鼓励、夸奖的话请及时说

批评、纠错、反对、否定、劝服、交锋的话请婉转说

谅解、关怀、建议、友善、请求、歉意的话请真诚说

扫兴、揭短、忌讳、惹祸、隐私、欺骗的话请不要说

第八周　期中考查

考查内容

两人一组，针对每周推荐影视/书籍，结合已学内容，确立一个主题，制作演示文稿，进行展示与讲解。

考查要求

1. 可阐释课堂简说/未及理论，可介绍推荐影视/书籍，但主题须与沟通密切相关。

2. 将两人沟通过程、准备过程以Vlog的形式进行记录。

3. 两人分工协作，必须都进行表达，具体形式可自行商议。

4. 限时5分钟。

5. 展示完成后同学进行讨论，任课教师进行总结点评、讲解。

评分标准

1. 有声语言准确、清晰和流畅。（20分）

2. 无声非语言自然、得体和切境。（20分）

3. 内容丰富、逻辑清晰、重点突出。（40分）

4. 有新意、有创意、有表现力、有吸引力。（20分）

5. 不足4分半或超过5分半扣10分。

计分标准

1. 同学打分取平均分后占50%，任课教师打分占50%。

2. 期中考查占期末总成绩30%。

考查学时

理论学时2学时，实践学时2学时，共计4学时。

第九周　书面沟通

教学内容

书面沟通概述；事务文书；礼仪文书；论文写作。

教学学时

理论学时2学时，实践学时2学时，共计4学时。

教学目的

通过理论讲授，使学生基本了解书面沟通的含义、优缺点和原则，常用事务文书和礼仪文书的特征，学术论文和毕业论文的特征、结构；通过实践训练，使学生将理论应用于实践，大致掌握事务文书、礼仪文书、论文写作的基本要求。

教学重点

书面沟通的优缺点；事务文书的类型及写作；礼仪文书的类型及写作；论文写作的要求。

教学要求

1. 布置课前预习，浏览教材内容。
2. 理论讲授少而精，课堂互动巧而优。
3. 选择经典音视频，讲解教学重难点。
4. 结合丰富典型案例，指导有效实践训练。
5. 布置适量课后作业，融会贯通课堂内容。

教学模式

理论讲授+实践训练

第一节　书面沟通概述

一、书面沟通的含义

（一）书面沟通的定义

书面沟通是指以社会沟通符号系统中的无声语言符号进行交流的沟通形式。

（二）书面沟通的类型

按书面沟通的使用情境不同，可大致分为行政公文、事务文书、法律文书、传播文书、礼仪文书、科技文书等类型。

1. 行政公文

行政公文是指党政机关、企事业团体在公务活动中所使用的具有特定效力和规范体式的各类文书，如决议、决定、命令、公报、公告、通告、意见、通知、通报、报告、请示、批复、议案、函、纪要等。

2. 事务文书

事务文书是指党政机关、企事业团体在处理日常工作事务时所使用的各类文书，如工作规划、工作方案、工作计划、工作安排、工作报告、工作总结、调查报告、述职报告、会议记录等。

3. 法律文书

法律文书是指沟通各方依据约定达成的具有法律效力的各类协议，如合同书、协议书、意向书、起诉状、答辩状、申诉状、招投标书、条据等。

4. 传播文书

传播文书是指借助各级各类媒介进行信息传播的各类文字形式，如新闻、消息、通讯、广告、海报等。

5. 礼仪文书

礼仪文书是指各类社交场合中所使用的礼节性文书，如请柬、邀请函、欢迎词、祝酒词、感谢信、慰问信、贺电、唁电、讣告、聘书、求职信、辞职信等。

6. 科技文书

科技文书是指记录科学研究、科学实验、学术探讨、学术成果等的文字形式，如学术论文、毕业论文、实验报告、专利申请书等。

【课堂讨论】

还有哪些书面沟通的形式？

二、书面沟通的优缺点

相较于其他沟通形式，书面文字具有久留性、权威性、严密性、简明性、间接性、可复制性等优点，但同时也存在单一性、滞后性、耗时性等缺点。

（一）书面沟通的优点

1. 久留性

书面文字无论是印刷保存还是电子保存，都可以长期存在，既能给沟通对象充足的思考时间，也能作为依据凭证，而不会像有声语言及无声非语言转瞬即逝。

2. 权威性

各类文书大多经过仔细推敲、字斟句酌，很多形成文字之后便具有了一定的权威性以及法律效力。

3. 严密性

有声语言伴随着无声非语言的表达相对简单，而形成书面文字之后便需要更加注重语法、修辞、逻辑等的准确性、严密性和科学性，甚至需要反复修改与论证。

4. 简明性

有声语言沟通常常重复、啰唆、带有习惯性非表意词句，而形成书面文字之后便需要注重语言的精练简约，便于阅读与保存。

5. 间接性

书面沟通不需要沟通各方面对面交流，可以一定程度上缓解尴尬、避免冲突，促进有效沟通。

6. 可复制性

书面沟通方便复制，不受时空限制，有利于大规模传播与保存。

（二）书面沟通的缺点

1. 单一性

书面沟通只有文字形式，缺少有声语言及无声非语言的补充表意，也缺少具体沟通情境的辅助，对文字的要求更高。

2. 滞后性

书面沟通一般不是面对面的即时沟通，沟通对象的反馈便具有一定的滞后性，不适用于紧急情况下的沟通。

3. 耗时性

一方面，书面文字准备时间一般较长，需要反复修改、确定；另一方面，书面沟通比有声语言沟通耗时更长，反馈更滞后。

【课堂讨论】

书面沟通还有哪些优缺点？如何平衡有声语言沟通和书面沟通？

三、书面沟通的原则

书面沟通应遵循目的明确、内容精确、信息准确、格式正确等原则。

（一）目的明确

在准备书面沟通时，应明确如何将需要诉诸文字，明确如何以文字更好地实现沟通目的。

（二）内容精确

书面沟通的内容应精练、简明，在内容完整的基础上实现删繁就简、言简意赅。

（三）信息准确

书面沟通所要传达的信息、感情、思想等应准确、到位、真实和可靠，做到恰如其分、精益求精。

（四）格式正确

不同类型的公文有不同的格式要求，应当严格按照具体要求进行写作，保证书面沟通的顺畅、有效。

第二节　事务文书

事务文书涉及党政机关、企事业团体日常工作事务的方方面面，种类繁多，大致可以分为计划类、报告类、记录类等。

一、计划类文书

计划类文书是对未来发展规划及其所需各类资源在时间、空间上的安排部署，包括工作规划、工作方案、工作计划、工作安排等。

（一）工作规划

1. 工作规划的特征

工作规划具有长期性、全局性的特征。工作规划一般时间在5年以上，带有方向性、战略性和指导性的意味。

2. 工作规划的写作

工作规划由标题和正文两部分组成。

标题一般采用“组织名称+时间期限+主要内容+‘规划’二字”的四要素格式写法。

正文一般包括前言/综述、指导思想/目标要求、具体任务/具体措施、结尾/展望等内容。

（二）工作方案

1. 工作方案的特征

工作方案具有复杂性、全面性的特征。工作方案针对较为繁杂且涉及范围较广的具体职能工作，文书内容构成相对繁多。

2. 工作方案的写作

工作方案由标题和正文两部分组成。

标题一般采用“组织名称+主要内容+‘方案’二字”的三要素格式写法。方案执行时间可在标题中呈现于组织名称之后，也可在标题下单列。

正文一般包括指导方针、主要目标、实施步骤、基本政策、具体措施等内容。可根据内容选择组合并加以层级细化。

（三）工作计划

1. 工作计划的特征

工作计划具有精细性、行动性的特征。工作计划一般时间在1年以内，带有具体化、细分化和实操化的意味。

2. 工作计划的写作

工作计划由标题和正文两部分组成。

标题一般采用“组织名称+时间期限+主要内容+‘计划’二字”的四要素格式写法。

正文一般包括开头、主体和结尾三部分，主体包括任务、要求、措施等内容。

（四）工作安排

1. 工作安排的特征

工作安排具有直接性、具体性的特征。工作安排一般是短期部署，相较于其他计划类文书而言明白确切、详尽具体、落实到人、容易把握。

2. 工作安排的写作

工作安排由标题和正文两部分组成。

标题一般采用“组织名称+主要内容+‘安排’二字”的三要素格式写法。安排执行时间可在标题中呈现于组织名称之后，也可在标题下单列。

正文一般包括开头、主体和结尾三部分，主体包括任务、要求、措施等内容。整体结构与工作计划相近，但更为具体、可操作性更强。

二、报告类文书

报告类文书是对某方面工作相关材料进行搜集、整理后形成的结论或建议，包括工作报告、调查报告、述职报告等。

（一）工作报告

1. 工作报告的特征

工作报告具有及时性、动态性的特征。工作报告一般反映的是某方面工作新近的发展变化动态，具有一定的时效性。

2. 工作报告的写作

工作报告以发布信息为主，应一事一报、开门见山、文字简练、避免主观。

（二）调查报告

1. 调查报告的特征

调查报告具有总结性、参考性的特征。无论是主动报告还是被动报告，都具有总结经验教训、发现解决问题和指导未来发展的意义。

2. 调查报告的写作

调查报告由标题和正文两部分组成。

标题可以根据具体内容和需要采用文学式写法或公文式写法。

正文一般包括前言、事实、分析、建议等四部分，整体应实事求是、论证论据充分。

（三）述职报告

1. 述职报告的特征

述职报告具有客观性、具体性的特征。在写作时应实事求是，既分析不足，也突出业绩，无论是优点还是缺点都应具体落实。

2. 述职报告的写作

述职报告由标题和正文两部分组成。

标题可以根据具体内容和需要采用文学式写法或公文式写法，也可只写“述职报告”。

正文一般包括任职情况和基本评价、具体尽职情况、未来职业规划三部分，整体应思路清晰、真实客观。

三、记录类文书

记录类文书是对某方面工作相关内容的记录、整理，包括工作总结、会议记录等。

（一）工作总结

1. 工作总结的特征

工作总结具有系统性、指导性的特征。述职报告为以职责为中心提请相关部门评价自身履职情况，工作总结为系统归纳总结经验教训以指导自身日后工作。

2. 工作总结的写作

工作总结由标题和正文两部分组成。

标题可以根据具体内容和需要采用文学式写法或公文式写法，也可只写“工作总结”。

正文一般包括开头、主体、结尾、签名落款等四部分，整体应思路清晰、真实客观。

（二）会议记录

1. 会议记录的意义

会议记录对于执行会议决议、检查执行效果、记录发展历程等方面都有着重要的意义。

2. 会议记录的写作

会议记录一般包括会议名称、时间、地点、与会人员、主持人、议程、议题、决策、决议、后续安排等内容。应注意记录的准确、客观，可根据需要留存音视频资料，会后及时整理存档或形成文件。

【课堂讨论】

你是否写过事务文书？有何感受？

第三节 礼仪文书

礼仪文书使用范围较广，涉及学习、工作、生活等各类沟通情境与社交场合，种类繁多，大致可以分为邀请类、祝谢类、信函类、职聘类等类型。

一、邀请类文书

邀请类文书是邀请客人参加各类活动、会议、典礼等时所用的文书，包括请柬、请帖、邀请函、邀请书等。

（一）邀请类文书的特征

邀请类文书具有礼节性、简明性、精美性等特征。

（二）邀请类文书的写作

邀请类文书一般包括称谓、正文、结尾、落款等四部分。要求行文严谨、内容准确、语言简明、措辞典雅，制作宜精美，注意事项宜明确。

值得注意的是，随着媒介技术的迅猛发展和生活方式的深刻改变，电子请柬越来越成为重要的邀请形式，载体不同，但特征与要求依然相同。

【课堂讨论】

你是否了解H5？是否收到或制作过电子请柬或互动广告？

二、祝谢类文书

祝谢类文书是对客人参加各类活动、会议、典礼等表示欢迎、欢送、答谢、祝贺时所用的文书，包括欢迎词、欢送词、答谢词、祝酒词等。

（一）祝谢类文书的特征

祝谢类文书具有简明性、生动性、祝愿性等特征。

（二）祝谢类文书的写作

祝谢类文书一般包括称谓、正文和结尾三部分。要求礼貌得体、真挚诚恳、有的放矢、生动幽默。

三、信函类文书

信函类文书是对特殊人物或事件表示礼节性关注所用的文书，包括感谢信、慰问信、贺电、唁电等。

（一）信函类文书的特征

信函类文书具有简明性、真实性、情感性等特征。

（二）信函类文书的写作

信函类文书一般包括称谓、正文、结尾、署名等四部分。要求分寸得当、真情实感、有的放矢、简洁精练。

【课堂讨论】

如何看待“世界那么大我想去看看”的辞职信？

第四节 论文写作

论文是科技文书重要的类型，大致可以分为学术论文和毕业论文两大类。

一、学术论文写作

（一）学术论文的定义

学术论文是指对自然科学领域或人文社会科学领域的问题进行研究、探讨后形成的文字成果。

学术论文是科研成果的重要载体之一，也是最为便捷、简明和有效的载体。

（二）学术论文的特征

学术论文具有理论性、创新性、科学性等特征。

1. 理论性

学术论文的理论性主要体现在内容上，其不是对一般现象和过程的简单描述，而是对客观事物本质规律上升到理论层面的深刻认识，与实验报告、科研总结、普通议论文等有着本质区别。

2. 创新性

学术论文的创新性主要体现在观点上，其应当有创见、有新意，显示新理论、新思想、新原则、新方法、新进步、新发展。

3. 科学性

学术论文的科学性主要体现在指导思想、研究方法和写作态度上，应实事求是、科学严谨、规范严肃。

（三）学术论文的结构

学术论文一般包括文题、摘要、关键词、正文、注释等内容。2万字以上的长篇论文可以设置目录，期刊学术论文一般无需目录。期刊学术论文一般注释即可，无需参考文献。作者署名及单位应按照具体刊发要求处理。

1. 文题

学术论文的题目应简明扼要、确切精准地概括文章主旨，一般不超过20个字，必要时可以冒号或破折号等形式添加副标题。

2. 摘要

摘要或称内容提要，是对文章主要内容不加注释和评论的简短总结，应具有独立性和自明性，使读者不看全文便能够了解文章的主要内容。中文摘要一般不超过300个字，英文摘要一般不超过250个实词。

值得注意的是，摘要应以第三人称客观陈述，避免出现第一人称主观用词。

3. 关键词

关键词是从文章/标题中选出的可以传达全文主旨和主要内容的词语，对于文献电子检索具有重要意义，一般3—5个。

4. 正文

正文主要包括绪论、本论和结论三部分。

绪论或称引言，是文章的开头部分，应简明扼要地交代研究缘由、背景、目的、意义、框架等内容。

本论是文章的主要部分，主要采用立论、驳论等论证方式，归纳、演绎、分析、比较、例证、引证、驳论点、驳论据、驳论证等具体方法。

结论或称结语，是文章的收尾部分，应清晰简洁地总结全文，可以归纳总结或预测拓展。结论并非必要，本论结束后不加结论自然收尾也可以。

5. 注释

注释是对冷僻内容、引用文献和相关材料的补充说明，一般采用脚注或尾注的方式呈现。

（四）学术论文的写作

学术论文的写作要求大致涉及选题、选材、结构等方面。

1. 选题

文章选题应建立在对学科、专业等的熟稔认知基础之上，选择有理论价值、现实意义的前沿开拓性或历史发展性主题。同时，对所选主题应有兴趣且有能力完成。

2. 选材

材料是文章的基础，所选材料应符合真实性、有效性、典型性、新颖性等要求，且占据越多的佐证材料，文章的力度、信度和效度便越高。

3. 结构

结构主要就本论而言，一般可采用并列横式结构或递进纵式结构，也可综合使用。

【课堂讨论】

你是否使用过知网？文献检索对于论文写作有什么意义？

二、毕业论文写作

（一）毕业论文的定义

毕业论文是指高等院校应届毕业生综合运用所学知识和技能对本专业领域某一问题进行研究、探讨后形成的文字成果。毕业论文本质上属于学术论文的一种具体形式。

学生学历层次不同，毕业论文要求也不相同。就本科生毕业论文而言，重在培养学生综合运用所学知识技能、查阅资料、撰写文章、解决实际问题的基本能力。

（二）毕业论文的特征

毕业论文具有规范性、科学性等特征。

1. 规范性

毕业论文的规范性主要体现在内容、格式等方面，内容构成、写作格式等都应符合论文基本要求及院校具体要求。

2. 科学性

毕业论文的科学性主要体现在论题正确、论据可靠、论证严密、方法科学、态度严谨等方面。

（三）毕业论文的结构

毕业论文一般包括中英文文题、致谢、中文摘要及关键词、英文摘要及关键词、目录、正文、注释、参考文献、附录等内容。

基本要求与学术论文相近。致谢应真诚表达谢意，避免浮皮潦草、不知感恩的文字表达；中文摘要字数比学术论文略多，一般300—500个字；英文翻译应准确对应中文标题、摘要和关键词；目录一般写到三级标题；参考文献应根据格式要求注明作者、著作/论文标题、出版社/期刊、出版日期/年份期号等内容，附录有则根据格式要求添加，不是必需项。

（四）毕业论文的写作

毕业论文的写作时长约为1年，除选题、选材、结构等方面需要充分准备之外，还应注意开题和中期考核环节的具体要求。

开题报告中涉及论文提纲，提纲应具备完整的层级框架，并对主要内容做简要阐述。本科毕业论文一般要求8000字左右，字数多于一般学术论文，应重视提纲的编写以便厘清思路、顺利成文。

（五）毕业论文的答辩

毕业论文答辩是毕业论文的最后一个环节，也是大学生涯最后一个学习阶段，应予以充分重视。

1. 答辩的准备

熟记论文相关内容，对可能的问题提前做好准备。

写好答辩提纲并尽可能熟悉，按要求做好答辩演示文稿。

备好纸质版论文、纸笔，方便在问答环节记录。

2. 答辩的要求

陈述时长一般为20分钟左右，不可过短，不可过长，应提前演练；回答问题应重点突出、简明扼要、实事求是、避免诡辩。

有声语言自然流畅，音量适中、语速适中、语气自信。

无声非语言自然得体，注意言行礼仪。体态语方面，手势不可过多，幅度不可过大，可以眼神交流；服饰方面，应当偏正式，女生建议穿衬衫或套装，男生建议穿衬衫或西服，可不打领带。

【课堂讨论】

写作是一个长期积累的过程，你认为哪些方面的积累有助于写作？

【课后作业】

1. 回顾课堂内容，预习下周内容。

2. 初步思考毕业论文的选题方向，并查找相关资料，列出简要提纲。

【推荐书目】

徐中玉《应用文写作（第五版）》（高等教育出版社，2016）

［美］罗伊·彼得·克拉克《精简写作：快节奏时代的沟通与表达》（中国华侨出版社，2018）

【延伸阅读】

学术论文一般撰写格式

1. 文章标题：一般不超过20个汉字，必要时加副标题。三号黑体，居中排版。

2. 作者姓名、工作单位：题目下面应写作者姓名，姓名下面写单位名称（一、二级单位）、所在城市（不是省会的城市前必须加省名）、邮编，不同单位的多位作者应以序号分别列出上述信息。

3. 摘要：用第三人称写法，应是一篇能客观反映文章核心观点和创新观点的表意明确、实在的小短文，切忌写成背景交代或中心思想，200—300字为宜。小四号仿宋，1.5倍行距，通栏排版。

4. 关键词：3—5个，以分号相隔，选择与文章核心内容相关的具有独立性的实词。

5. 正文标题：内容应简洁、明了，层次不宜过多。一般来说，一级标题用

“一、二、三、……”，二级标题用“（一）（二）（三）……”，三级标题用“1. 2. 3. ……”，四级标题用“（1）（2）（3）……”。层次少时可依次选序号。

6. 正文文字：一般不超过1万字。小四号宋体，1.5倍行距，通栏排版。

7. 数字用法：执行GB/T15835—2011《出版物上数字用法的规定》，凡公元纪年、年代、年、月、日、时刻、各种记数与计量等均建议采用阿拉伯数字；夏历、清代及其以前纪年、星期几、数字作为语素构成的定型词、词组、惯用语、缩略语、临近两数字并列连用的概略语等用汉字数字。

8. 图表：文中尽量少用图表，必须使用时应简洁明了、少占篇幅，图表均采用黑色线条，分别用阿拉伯数字顺序编号，应有简明表题（表上）、图题（图下），表中数据应注明资料来源。

9. 注释：注释主要包括释义性注释和引文注释，一般集中列于文末参考文献之前。释义性注释是对论著正文中某一特定内容的进一步解释或补充说明，引文注释包括各种不宜列入文后参考文献的引文和个别文后参考文献的节略形式，序号一般为“①②③……”。

10. 参考文献：参考文献是作者撰写论著时所引用的已公开发表的文献书目，是对引文作者、作品、出处、版本等情况的说明，文中用序号标出，详细引文情况按顺序排列文尾。以字母方式标识以下各种参考文献类型：普通图书［M］，会议录［C］，报纸文章［N］，期刊文章［J］，学位论文［D］，报告［R］，标准［S］，专利［P］，数据库［DB］，计算机程序［CP］，电子公告［EB］，档案［A］，舆图［CM］，数据集［DS］，其他［Z］。格式与示例如下：

（1）图书类格式：［序号］主要责任者.文献题名：其他题名信息（任选）［文献类型标识］.其他责任者（任选）.出版地：出版者，出版年：起止页码.

（2）期刊文章格式：［序号］主要责任者.文献题名［J］.刊名，年，卷（期）：起止页码.

（3）报纸文章格式：［序号］主要责任者.文献题名［N］.报纸名，出版日期（版次）.

（4）析出文献格式：［序号］析出文献主要责任者.析出文献题名［文献类

型标识]//原文献主要责任者(任选).原文献题名.出版地:出版者,出版年:析出文献起止页码.

(5)电子资源(不包括电子专著、电子连续出版物、电子学位论文、电子专利)格式:主要责任者.文献题名[文献类型标识/载体类型标识].(发表或更新日期)[引用日期].出处或可获得地址.

11.基金项目:获得各级各类基金资助和各级各类科研项目成果文章应注明基金项目名称及编号,按项目证明文字材料要求标示清楚。

第十周　演讲沟通

教学内容

演讲；演示；即兴演讲；辩论。

教学学时

理论学时2学时，实践学时2学时，共计4学时。

教学目的

通过理论讲授，使学生基本了解演讲及演示、即兴演讲、辩论的含义及原则；通过实践训练，使学生将理论应用于实践，大致掌握演讲及演示、即兴演讲和辩论的基本技巧。

教学重点

演讲的准备；演示的原则；即兴演讲的技巧；辩论的要求。

教学要求

1.布置课前预习，浏览教材内容。

2.理论讲授少而精，课堂互动巧而优。

3.选择经典音视频，讲解教学重难点。

4.结合丰富典型案例，指导有效实践训练。

5.布置适量课后作业，融会贯通课堂内容。

教学模式

理论讲授+实践训练

第一节 演讲

一、演讲的含义

（一）演讲的定义

演讲又称讲演或演说，是指在公开场合就某个主题进行的系统性讲话，是以有声语言为主要手段、无声非语言为辅助手段的沟通交际活动。

（二）演讲的类型

按演讲的正式程度可将其分为正式演讲和即兴演讲。一般所说演讲即为正式演讲。

（三）演讲的特征

相较于其他沟通形式，演讲主要具有社会性、艺术性、鼓动性、仪式性等特征。

1. 社会性

一方面，演讲的形式是一个社会成员对其他社会成员进行的言语交际活动，天然地具有社会性的特征；另一方面，演讲的内容与时代、现实密切相关，能够唤起受众真实的言行反应。

2. 艺术性

演讲是融合了精美的有声语言、恰切的无声非语言、深厚的思想、饱满的感情等沟通形式，并具有集中、凝练、富有创造性的整体感和协调感，有着极高的审美价值。

3. 鼓动性

鼓动性是指引人向上、催人奋进的吸引力和感召力。演讲者必须有的放矢、有感而发，以真实的身份、真诚的态度、真挚的感情和真切的语气鼓而动之，使受众相信并接受你的语言、态度和感情，而这又根植于演讲整体艺术感染力的潜移默化。

4.仪式性

对于正式演讲而言，不同于即兴演讲的随时、随地、随意，其对于演讲的流程、主题、环境、场地、受众以及演讲者等都有着一定要求或约束，是经过精心安排和准备的、充满庄重意味的沟通交际活动。

【课堂讨论】

演讲中的“演”和“讲”该如何理解？如何平衡？

二、演讲前的准备

演讲前的准备大致包括受众分析、目标确定、思路整理、讲稿写作、演示文稿制作、提前演练、情绪放松等内容。其中，讲稿写作是最为重要的基础性环节，演示文稿属于可选择的视觉辅助工具。

（一）受众分析

受众分析是指了解受众的年龄、性别、种族/民族、职业、教育背景、地理位置、组织归属以及信念、兴趣等内容，这些都能为讲稿的写作提供具有针对性的有效参考。

（二）目标确定

目标确定包括对演讲总体目标和具体目标的确定，其中，总体目标一般包括知识性传递和逻辑性劝服两类，具体目标则与演讲的主题相关。

（三）思路整理

思路整理包括搜集材料和组织材料，搜集资料可以通过网络搜索、文献阅读、人物访谈等方式来完成；组织材料可以按照时间顺序、逻辑顺序、正—反模式、问题—解决模式等来进行，必要时还可以使用思维导图清晰思路。

（四）提前演练

讲稿与必要的演示文稿完成之后应进行提前演练、彩排，根据需要可选择不脱稿、半脱稿、全脱稿、手卡提示等形式，如选择手卡提示应熟悉关键词与提示内容的联系；演练过程严格计时，并根据实际感受及时调整讲稿；如有演示文稿应测试、熟悉设备，并准备应急预案。

（五）情绪放松

演讲前的适度紧张是正常现象，有助于发挥，太过紧张时可尝试深呼吸、握紧拳头再放松等方式进行调节；演讲中可多注视远方受众或表现出积极兴趣的受众，以此提高自信、放松情绪。

【课堂讨论】

你是否有过演讲的经历？是如何克服紧张情绪的？

三、讲稿的写作技巧

讲稿大致包括开头、主体和结尾三大部分，每一部分都有具体的要求和技巧。

（一）开头

好的开头是成功的一半，对于演讲而言尤其如此。一段引人入胜的开场白对于调动受众兴趣、帮助受众理解内容、提高演讲者可信度等方面都具有重要的积极作用。

1. 开头的要求

演讲开头除了应调动起受众的兴趣，还应强调主题的重要性、概述内容的关键点，让受众有逻辑清晰的直观感受。

2. 开头的技巧

演讲开头可以使用一些技巧来起到吸引受众关注的目的，如使用设问与受众互动、展示与主题相关物品、利用事实、制造悬念、引用名言以及临场发挥与现场相关的人或事，都能使开头巧妙而引人关注。

（二）主体

1. 主体的要求

主体部分是演讲的主要内容，直接影响演讲的质量和效果，应注意做到主题明确、思路清晰，结构严谨、层次分明，内容充实、重点突出，张弛有度、前后照应。

2. 主体的结构

演讲主体可以采用并列式、递进式、总分式、对比式等形式进行结构。应注意结构的严谨、清晰和简明，避免过于复杂，影响受众听时的理解。

（三）结尾

1. 结尾的要求

演讲结尾是最容易被记住的部分，应利用这一部分总结观点以强调演讲主题，鼓动号召以唤起受众言行。

2. 结尾的技巧

演讲结尾除可以使用总结观点、鼓动号召之外，还可以呼应开头、引用名言、赞扬受众、排比增强语势以激发高潮等使演讲画上完美的句号。

四、演讲的表达技巧

（一）有声语言表达技巧

演讲中的有声语言表达是主要的沟通方式，应灵活使用语音发声技巧和表达技巧，准确、生动地展示演讲内容。

【课堂回顾】

语音技巧与发声技巧。

1. 语音发声技巧

演讲时应注意控制发音，尽量用标准普通话让受众都能听懂、理解；注意控制音量，确保最后一排受众能够听清楚，避免轻声细语或声嘶力竭；注意控制语速，避免因紧张或兴奋导致的过慢、过快、断断续续等现象；注意控制语调并根据需要有效运用，避免语调的一成不变。

【课堂回顾】

表达技巧。

2. 表达技巧

演讲时应有意识地灵活使用有声语言表达的内部技巧与外部技巧。利用内在语等内部技巧使演讲内容具有幽默感、深刻性；利用停连、重音、语气、节奏等外部技巧使演讲抑扬顿挫、有声有色。

【课堂回顾】

无声非语言沟通技巧。

（二）无声非语言表达技巧

演讲中的无声非语言沟通同样重要，是强化受众视觉效果、实现演讲目标的有效利器。应注意服饰、妆发的切境、得体，站立、行走、坐姿符合要求，表情松弛自然并伴以恰当的微笑，与受众进行目光接触并恰当互动等。

（三）保持受众注意力技巧

无论何人何时何地何主题的演讲，都不可能全程吸引每一个受众的注意力。但可以通过一些技巧的使用尽量保持受众的注意力，如重复、强调、互动等，还可以出其不意地插说故事、改变节奏、播放演示文稿等。

值得注意的是，这些技巧与演讲的节奏密切相关，应在讲稿写作阶段便进行设计，并根据现场情况及时调整。

【课堂讨论】

有没有给你留下深刻印象的演讲？最打动你的是什么？

第二节　演示

一、演示的含义

（一）演示的定义

演示又称演示文稿、幻灯片等，是对演讲进行视觉辅助的一种工具，一般配合电脑、投影仪等多媒体设备使用。

演示文稿适用范围十分广泛，在各行各业、各类情境下均能使用，已经成为重要的商务办公工具、沟通交流工具。就演讲而言，演示不是必需的，应根据演讲的内容、受众等具体需要进行选择。

（二）演示的作用

演讲中的演示可以为演讲者提供解释重要内容、吸引受众注意、提供记忆线索等。

二、演示的基本原则

演讲中的演示应遵循必要性、简明性、有效性等基本原则。

（一）必要性

在进行演讲准备的同时应考虑演示的使用必要，这需要结合主题、场地、受众等各方面因素综合考虑。一般情况下，如无确实必要可以不用演示。

（二）简明性

演示的页面设计、内容安排在符合演讲整体要求的情况下均应简洁、明了，避免复杂的画面、内容分散受众注意力。

（三）有效性

有效性一方面是指演示应对演讲效果、目标的达成有帮助，另一方面是指演示页面的内容应有针对性、代表性。这也是演示必要性的重要参照。

三、演示的操作原则

演讲的演示应注意试用设备以有备无患，演示重点以避免超载，简洁易读以保证正确，慎用动画以不扰演讲等操作原则。

（一）试用设备，有备无患

在正式演讲之前应对演示相关的多媒体设备进行测试并熟悉，发现问题及时调整，并准备好应急预案。如考虑不同设备兼容问题，可准备好适用于不同系统的几版演示文稿，为防现场临时出问题还应做好备份。

（二）演示重点，避免超载

演示的页面不宜过多，应配合重点内容演示。演示页面避免过多内容，使受众难以分辨重点且易分散注意力。

（三）简洁易读，保证正确

1. 字体

应选择简洁美观且受众易读的字体，避免特殊的花体字，一方面是考虑受众阅读的直观性，另一方面也是考虑不同设备的兼容性。

2. 字号

应选择恰当的字号，如有前期演练、彩排，可以直接测试，使最后一排观众明确看清；如不能提前了解，一般情况下，以PPT为例，正文32号字应该能够保证清晰度，最小不能小于24号字。

3. 正确

演示页面上的字还应保证正确，无错别字、语法错误、标点错误、错行等细节问题。

（四）慎用动画，不扰演讲

1. 慎重选择动画效果

对于演示页面的动画效果应慎重选择，如无特殊需要尽量避免，动画占用时长，会分散注意力，不太高明的动画还有可能破坏演讲效果。

2. 及时关闭不用的页面

已经使用完毕的演示页面如有可能可以关闭，或者在制作时进行设计，不要让不相关的演示页面造成受众对后面演讲内容的分心。

（五）其他操作原则

如有手写内容，应注意字体大小适中、笔画清晰明确。尽量避免使用红色笔。

如有翻页笔、激光笔等辅助工具，应提前调试、熟悉并确保好用，激光笔不用时应关闭，避免光点乱晃影响受众注意力。

【课堂讨论】

面对无处不在的演示文稿，你有何思考？

第三节　即兴演讲

一、即兴演讲的含义

（一）即兴演讲的定义

即兴演讲是与正式演讲相对的非正式演讲。相较于正式演讲，即兴演讲没有演练、彩排，是非正式沟通情境中的即时表达。

（二）即兴演讲的特征

即兴演讲相较于正式演讲，主要具有随时、随地和随意的特点。即在任何公开场合、任何沟通时间、就任一话题均可展开语言表达，进行演讲沟通。

（三）即兴演讲的类型

即兴演讲根据不同沟通情境大致包括领导讲话、社交活动、电梯对话、面试答问、祝酒词等类型。

（四）即兴演讲的意义

即兴演讲在组织内部沟通合作、展现个人形象、拉近距离、获得机遇等方面具有重要的积极意义。

二、即兴演讲兴起的原因

即兴演讲的方兴未艾与科技发展、组织扁平化、时空观改变等原因密切相关。

（一）科技发展

科技发展尤其是新媒体的日新月异使得沟通变得更加方便、渠道更加多样，人们用更简短、更自然和更真实的方式进行沟通，使得即兴演讲越来越普遍。

（二）组织扁平化

组织扁平化与科技发展同样息息相关，组织的管理者与被管理者之间层级大大减少，顶底之间的障碍也越来越少，通过各类沟通媒介，每个人都有更多机会熟悉周边的人，即兴沟通也越来越普遍。

（三）时空观改变

社会的快速发展使得职场运转速度不断加快，世界互联，时间、空间的界限正在不断消弭，留给冗长的正式活动的时间也在不断压缩，简短便捷的即兴沟通日益受到欢迎。

【课堂讨论】

你遇到过/经历过什么样的即兴演讲？有什么感受？

三、即兴演讲的技巧

即兴演讲虽名为即兴，但依然需要在心态、信息、结构、语言等方面有所准备。充分的准备才是即兴演讲的核心。

（一）心态

即兴演讲时的心态控制一方面来自自信，另一方面来自日常积累。平时的积累越丰厚，对于沟通情境的具体准备越充分，自信心也会越强，在面临即兴演讲时也就不会出现心态崩盘的现象。

（二）信息

对于即将出席、可能需要即兴演讲的沟通情境应做具体、细致的了解、分析。关于具体情境、场合主题、参与人员等应有全面的了解，对于可能到来的即兴演讲应按照正式演讲的准备流程进行精心准备。

（三）结构

一方面，对于即兴演讲而言，结构同样不宜复杂，一些沟通情境不如正式演讲那么秩序井然、鸦雀无声，分散注意力的因素较多，演讲应简洁明了，便于受众接受、理解。

另一方面，限于即兴演讲的篇幅更加短小，也不宜使用复杂的结构。

（四）语言

与正式演讲相比，即兴演讲的有声语言和无声非语言规范度、严谨性等要求略逊一筹，但依然要注意多用口语化的短句短语，表达明确、逻辑清晰、重点突出、有说服力。

【课堂实践】

你作为学院学生会干部，请针对即将到来的招新工作做一次即兴演讲。

第四节　辩论

一、辩论的含义

（一）辩论的定义

辩论又称论辩，是指对同一问题持有不同观点的几方以有声语言进行交锋并证明孰是孰非的双/多向言语活动。

【课堂讨论】

演讲和辩论有何异同？

（二）辩论的类型

根据辩论的形式不同，大致可将其分为实用辩论和赛场辩论两大类。

1. 实用辩论

实用辩论是指在日常工作、生活中针对实际问题所进行的语言交锋。根据场合不同，大致可分为日常生活辩论、会议决策辩论、法庭辩论、外交辩论等。

2. 赛场辩论

赛场辩论是指以比赛的形式进行言语交锋，即辩论双方针对某一辩题站在各自对立立场上证明己方观点、反驳对方观点的双向言语活动。

辩论赛按出场人数有2人、3人、4人等形式，一般以4人为主，一辩立论，二辩三辩攻辩，四辩总结陈词。流程大致包括主席致辞、立论、攻辩、攻辩总结、自由辩论、总结陈词等环节，具体赛制根据需要可具体选择。

【视频学习】

国际大专辩论赛/国际大学群英辩论会。

（三）辩论的特征

无论是实用辩论还是赛场辩论，都具有人员的双/多边性、活动的临场性、辩题的对立性、逻辑的严密性、论证的情理性等特征。

二、辩论的原则

辩论大致有攻守平衡、言行得体两个主要原则。

（一）攻守平衡

辩论是双/多向言语活动，核心离不开“辩”与“论”。“辩”即为攻、破，重在驳、问；“论”即为守、立，重在论、护。辩论中的防守是基础，攻驳是关键，二者平衡、共同作用才能使得辩论获胜。

（二）言行得体

辩论是言语活动，有声语言应当文明，避免出现人身攻击、侮辱谩骂等言辞，另外注意控制语速、音高。同时，还应注意无声非语言的得体，如面带微笑、态度庄重、手势恰当等，避免手势乱点不文明、态度轻浮不尊重。

三、辩论的要求

辩论大致具有立场鲜明、逻辑严密、思维敏捷、以理服人等要求。

（一）立场鲜明

辩论必须要有鲜明的立场，自己拥护什么、反对什么，都应当体现在辩论的语言之中。

（二）逻辑严密

辩论时需要严密的逻辑，做到论点正确、论据充分、论证严密，还应抓住对方的逻辑漏洞进行语言思辨和攻驳。

（三）思维敏捷

辩论虽然可以准备，但是依然具有临场性的特点，需要有清醒的头脑和敏捷的思维迅速反应、及时回应。

（四）以理服人

辩论中的“理”是各方争夺的焦点，以理服人、情理交融，是辩论获胜的有力保证。

【课堂讨论】

辩论沟通和日常交流有何异同？

四、辩论的技巧

辩论的技巧不胜枚举，常用的攻辩技巧如以矛攻盾、归谬发问、欲擒故纵、请君入瓮、反唇相讥、借力打力等，常用的配合技巧如分工、盯人、夹击、合围等。但应注意，辩论首先应当将“理”讲清楚，其次才是技巧的使用。

【课堂实践】

课堂辩论赛。主席一人，正反双方各四人，流程、时长等根据课堂时间具体确定。面对即将到来的毕业，就“做大城市的蚁族”还是“做小城市的贵族”展开辩论。

【课后作业】

1.回顾课堂内容，预习下周内容。

2.自选主题完成一篇演讲稿的写作并制作演示文稿，在后续课程中依次展示。

【推荐影视】

电影《伟大的辩论家》（*The Great Debaters*，2007）

电影《国王的演讲》（*The King's Speech*，2010）

【延伸阅读】

《我有一个梦想》（节选）

马丁·路德·金

一百年前，一位伟大的美国人签署了《解放黑奴宣言》，今天我们就是在他的雕像前集会。这一庄严宣言犹如灯塔的光芒，给千百万在那摧残生命的不义之火中饱受煎熬的黑奴带来了希望。它之到来犹如欢乐的黎明，结束了束缚黑人的漫漫长夜。

然而一百年后的今天，我们必须正视黑人还没有得到自由这一悲惨的事实。一百年后的今天，在种族隔离的镣铐和种族歧视的枷锁下，黑人的生活备受压榨。一百年后的今天，黑人仍生活在物质充裕的海洋中一个穷困的孤岛上。一百年后的今天，黑人仍然蜷缩在美国社会的角落里，并且意识到自己是故土家园中的流亡者。今天我们在这里集会，就是要把这种骇人听闻的情况公布于世。

就某种意义而言，今天我们是为了要求兑现诺言而会集到我们国家的首都来的。我们共和国的缔造者草拟宪法和独立宣言的气壮山河的词句时，曾向每一个美国人许下了诺言，他们承诺所有人——不论白人还是黑人——都享有不可让渡的生存权、自由权和追求幸福权。

就有色公民而论，美国显然没有实践她的诺言。美国没有履行这项神圣的义务，只是给黑人开了一张空头支票，支票上盖上“资金不足”的戳子后便退了回来。但是我们不相信正义的银行已经破产，我们不相信，在这个国家巨大的机会之库里已没有足够的储备。因此今天我们要求将支票兑现——这张支票将给予我们宝贵的自由和正义保障。

我们来到这个圣地也是为了提醒美国，现在是非常急迫的时刻。现在决非侈谈冷静下来或服用渐进主义的镇静剂的时候。现在是实现民主的诺言的时候。现在是从种族隔离的荒凉阴暗的深谷攀登种族平等的光明大道的时候，现在是向上帝所有的儿女开放机会之门的时候，现在是把我们的国家从种族不平等的流沙中拯救出来，置于兄弟情谊的磐石上的时候。

如果美国忽视时间的迫切性和低估黑人的决心，那么，这对美国来说，将是致命伤。自由和平等的爽朗秋天如不到来，黑人义愤填膺的酷暑就不会过去。1963年并不意味着斗争的结束，而是开始。有人希望，黑人只要撒撒气就会满足；如果国家安之若素，毫无反应，这些人必会大失所望的。黑人得不到公民的基本权利，美国就不可能有安宁或平静，正义的光明的一天不到来，叛乱的旋风就将继续动摇这个国家的基础。

但是对于等候在正义之宫门口的心急如焚的人们，有些话我是必须说的。在争取合法地位的过程中，我们不要采取错误的做法。我们不要为了满足对自由的渴望而抱着敌对和仇恨之杯痛饮。我们斗争时必须永远举止得体，纪律严明。我们不能容许我们的具有崭新内容的抗议蜕变为暴力行动。我们要不断地升华到以精神力量对付物质力量的崇高境界中去。

现在黑人社会充满着了不起的新的战斗精神，但是不能因此而不信任所有的白人。因为我们的许多白人兄弟已经认识到，他们的命运与我们的命运是紧密相连的，他们今天参加游行集会就是明证。他们的自由与我们的自由是息息相关的。我们不能单独行动。

当我们行动时，我们必须保证向前进。我们不能倒退。现在有人问热心民权运动的人，“你们什么时候才能满足？”

只要黑人仍然遭受警察难以形容的野蛮迫害，我们就绝不会满足。

只要我们在外奔波而疲乏的身躯不能在公路旁的汽车旅馆和城里的旅馆找到住宿之所，我们就绝不会满足。

只要黑人的基本活动范围只是从少数民族聚居的小贫民区转移到大贫民区，我们就绝不会满足。

只要我们的孩子被“仅限白人”的标语剥夺自我和尊严，我们就绝不会满足。

只要密西西比州仍然有一个黑人不能参加选举，只要纽约有一个黑人认为他投票无济于事，我们就绝不会满足。

不！我们现在并不满足，我们将来也不满足，除非正义和公正犹如江海之波涛，汹涌澎湃，滚滚而来。

我并非没有注意到，参加今天集会的人中，有些受尽苦难和折磨，有些刚刚走出窄小的牢房，有些由于寻求自由，曾在居住地惨遭疯狂迫害的打击，并在警察暴行的旋风中摇摇欲坠。你们是人为痛苦的长期受难者。坚持下去吧，要坚决相信，忍受不应得的痛苦是一种赎罪。

让我们回到密西西比去，回到亚拉巴马去，回到南卡罗来纳去，回到佐治亚去，回到路易斯安那去，回到我们北方城市中的贫民区和少数民族居住区去，要心中有数，这种状况是能够也必将改变的。我们不要陷入绝望而不可自拔。

朋友们，今天我对你们说，在此时此刻，我们虽然遭受种种困难和挫折，我仍然有一个梦想，这个梦想深深扎根于美国的梦想之中。

我梦想有一天，这个国家会站立起来，真正实现其信条的真谛："我们认为真理是不言而喻的，人人生而平等。"

我梦想有一天，在佐治亚的红山上，昔日奴隶的儿子将能够和昔日奴隶主的儿子坐在一起，共叙兄弟情谊。

我梦想有一天，甚至连密西西比州这个正义匿迹、压迫成风，如同沙漠般的地方，也将变成自由和正义的绿洲。

我梦想有一天，我的四个孩子将在一个不是以他们的肤色，而是以他们的品格优劣来评价他们的国度里生活。

今天，我有一个梦想。

我梦想有一天，亚拉巴马州能够有所转变，尽管该州州长现在仍然满口异议，反对联邦法令，但有朝一日，那里的黑人男孩和女孩将能与白人男孩和女孩情同骨肉，携手并进。

今天，我有一个梦想。

我梦想有一天，幽谷上升，高山下降；坎坷曲折之路成坦途，圣光披露，满照人间。

这就是我们的希望。我怀着这种信念回到南方。有了这个信念，我们将能从绝望之岭劈出一块希望之石。有了这个信念，我们将能把这个国家刺耳的争吵声，改变成为一支洋溢手足之情的优美交响曲。

有了这个信念，我们将能一起工作，一起祈祷，一起斗争，一起坐牢，一起维护自由；因为我们知道，终有一天，我们是会自由的。

在自由到来的那一天，上帝的所有儿女们将以新的含义高唱这支歌："我的祖国，美丽的自由之乡，我为您歌唱。您是父辈逝去的地方，您是最初移民的骄傲，让自由之声响彻每个山冈。"

如果美国要成为一个伟大的国家，这个梦想必须实现。让自由之声从新罕布什尔州的巍峨的崇山峻岭响起来！让自由之声从纽约州的崇山峻岭响起来！让自由之声从宾夕法尼亚州的阿勒格尼山响起来！……

第十一周　媒介沟通

教学内容

媒介沟通概述；主持沟通；采访沟通；媒介应对。

教学学时

理论学时2学时，实践学时2学时，共计4学时。

教学目的

通过理论讲授，使学生基本了解主持及新闻的含义，媒介沟通、主持沟通、采访沟通、媒介应对的特征及要求，大众传播与人际交流的异同；通过实践训练，使学生将理论应用于实践，大致掌握主持、采访和媒介应对的基本技巧。

教学重点

大众传播与人际交流的异同；主持沟通的特征与要求；采访的提问；媒介应对的误区及技巧。

教学要求

1.布置课前预习，浏览教材内容。

2.理论讲授少而精，课堂互动巧而优。

3.选择经典音视频，讲解教学重难点。

4.结合丰富典型案例，指导有效实践训练。

5.布置适量课后作业，融会贯通课堂内容。

教学模式

理论讲授+实践训练

第一节 媒介沟通概述

一、媒介沟通的含义

（一）媒介沟通的定义

媒介沟通是指主持人、记者等传播主体依托广播电视、互联网、新媒体等媒介进行有声语言及无声非语言传播的言语活动。

值得注意的是，当个体以节目嘉宾或采访对象出现在媒介中进行言语活动时，其也成为大众传播的一分子，可以认为属于广义的媒介沟通，更确切地可以称为媒介应对。

（二）媒介沟通的要素

在媒介沟通中，主持人、记者是沟通主体，其有声语言及无声非语言是沟通载体，载体中所包蕴的信息、思想、感情等是沟通客体，受众是沟通受体，节目、媒介、社会等则是媒介沟通需要服从的沟通语境。

二、大众传播与人际交流的异同

大众传播简言之就是以广大群众为对象的传播。媒介沟通属于大众传播，与人际交流有着一定的共性，但也有着明确的差异。

（一）大众传播与人际交流的共性

人际交流具有经验累积性、约定俗成性，而大众传播提升了人际交流中具有共通性、普适性的交流过程、交流方式，更显规范、准确、有效、精妙，更具主动性、典型性、深刻性、审美性。

（二）大众传播与人际交流的差异

相较于人际交流，大众传播在传播性质、任务、规格、心态等方面均有着明显的差别。

1. 传播性质

各级各类媒介是党、政府和人民的喉舌，并非个人私有的工具，发挥着引领、提升的作用。

2. 传播任务

各级各类媒介的传播任务在于传播人类文明成果，传播中华优良传统，展现时代风貌，播撒人文关怀，并非传播个人私欲的场域。

3. 传播规格

各级各类媒介应最大限度地遵循社会法规以获得最大限度的社会认同，应使用规范字、普通话，努力实现传播内容的真、善、美、新、雅、精。

4. 传播心态

人际交流相对随意自在、自然切近，而大众传播则紧张严谨、正式庄重。

【课堂讨论】

你认为当前的大众传播应趋向世俗化还是精品化？

三、媒介沟通的误区

媒介沟通越来越成为大众精神生活中不可或缺的重要组成部分，但也存在模式化、肤浅化、平庸化、私语化等误区。

（一）模式化

现成的框架、固有的思路更加唾手可得，依葫芦画瓢更能避免创新的风险，导致媒介沟通缺少新意，缺少对火热的社会生活的开掘，缺少对广大受众需求的真正关注，千篇一律、跟风模仿屡见不鲜。

（二）肤浅化

大众传播不代表只传播大众文化，引领、提升依然是媒介沟通的重要职责，丰富、深刻、高雅、精深依然应当成为传播主体的创作追求。

（三）平庸化

贴近受众不代表文字粗糙、语言苍白，真实质朴不代表缺少真情实感，缺乏动感美感，理应提炼人际交流以及社会生活中的精华进行传播，避免冷漠化、平庸化的表达。

（四）私语化

大众传播理应为大众服务，传播真、善、美、新、雅、精的优质内容，避免自娱自乐、自然主义、私语化、私欲化的不良倾向。

【课堂讨论】

你见过哪些媒介沟通中的不良现象？可有解决的建议？

第二节　主持沟通

一、主持的含义

（一）节目主持的定义

节目主持是指主持人以有声语言驾驭节目进程。

（二）节目主持人的定义

节目主持人是指以有声语言为主线，出头露面驾驭节目进程的人。

（三）主持人节目的类型

按照内容不同，可将节目分为新闻类、教育类、文艺类、服务类等类型；按照形式不同，可将节目分为报道类、综艺类、谈话类、竞猜类等类型；按照制播方式不同，可将节目分为录播、直播、准直播等类型。另外，按照受众群体不同，还可以有性别、年龄、职业、地域等细分类型。

二、主持沟通的特征

主持沟通大致具有独特性、情感性、对象性、综合性等特征。

（一）独特性

独特性是指主持人在主持节目、进行沟通时，在适应沟通语境的基础上所展示出来的独特个性。主持人是节目的重要标志，其个性化特征同样也是节目获得受众认可、增强受众黏性的重要因素。

（二）情感性

情感性是指主持人在主持节目、进行沟通时，融入自我情感体验，全情投入，与嘉宾、受众真诚交流，并建立良性互动关系。

（三）对象性

对象性是指主持人在主持节目、进行沟通时，不仅要与现场嘉宾、观众进行交流，还要与镜头之外的受众进行交流，做到“目中无人”但“心中有人”，调动积累、运用技巧，心中时时想象受众的反应并在节目进程中及时调整。

（四）综合性

综合性是指节目主持对主持人的综合素质的全面要求，政治素养、道德涵养、文化修养、媒介素养、专业学养等都是主持沟通必不可少的重要支撑，是主持人能力、节目质量的直观展现。

【课堂讨论】

你是否有喜欢的主持人？哪一方面给你留下了深刻的印象？

三、主持沟通的要求

主持沟通除了应掌握沟通的有声语言及无声非语言技巧，还应注意区分语体、善于共情、善于留白、调整信息差等。

（一）区分语体

语体大致可以分为日常会话语体、公文事务语体、学术科技语体、文艺审美语体、报刊媒介语体等类型。主持沟通属于报刊媒介语体，相较于日常会话语体更显正式、规范，相较于公文事务语体、学术科技语体更显大众、普适，相较于文艺审美语体更显质朴、切近，但根据节目内容、对象等的不同可能兼有使用其他语体。

（二）善于共情

共情是指主持人在媒介沟通中的共鸣、移情能力。主持人与嘉宾、受众的有效思维共振、情感共鸣能够使得沟通更加顺畅、节目更加精彩。

（三）善于留白

留白是指主持人的媒介沟通中按照节目需要进行疏密、虚实、张弛等的构思布局，给受众言有尽而意无穷的感受，调动受众的想象去丰富、完善、建构节目内容，是使得传播过程真正完成的重要助力。

（四）调整信息差

媒介沟通对象不同可能导致对同一内容的不同理解甚至讹误，主持人理应根据沟通对象的不同精心准备、恰当措辞、明确语调，尽量将言语信息差降至最低，保证沟通的顺畅有效。

【课堂讨论】

你认为主持人还应当掌握哪些技巧？

第三节　采访沟通

一、新闻

（一）新闻的含义

新闻是新近发生的事实的报道。——陆定一

新闻是新近的事件报道。——（美）诺亚·韦伯斯特

新闻是广大群众欲知、应知而未知的重要事实。——范长江

狗咬人不是新闻，人咬狗才是新闻。——（美）约翰·博加特

1. 新闻的定义

中外有关新闻的定义不下百种。综合而言，可以这样理解：新闻是指新近发生的、有影响的事实报道。

2.新闻的定位

由新闻的定义可以看出新闻的基础定位，即时效性和真实性；而“有影响”则是新闻的价值定位，强调新近发生的事实对受众的影响，这种影响在性质、范围、力度、角度等不尽相同，表现为不同的新闻价值。

（二）新闻报道的含义

1.新闻报道的定义

新闻报道是新闻传播的具体形态，是一种综合性的文本。

现代新闻报道实务主要由新闻采访和新闻写作两部分组成。

2.新闻报道的文体

按照时效性、真实性、题材内容、地理区域、事件性质、事件类别、报道角度、表现手法等不同角度可以将新闻报道进行不同的分类，无论如何分类，报道都离不开采访和写作。

二、采访沟通

采访是一种特殊的沟通方式，“七分采访三分写”准确体现了新闻采访的重要性。

（一）采访的含义

1.采访的定义

采访是指记者为报道新闻进行观察、调查、记录、摄影、录音、录像等活动。

2.采访的特征

就现代新闻采访而言，采访档次不断提高，内容不断深入，可以涉及社会各方面的人和事；采访行动日益坚韧，手段日益多样，坚韧不拔地获取新闻，并能投入巨大的人力、物力和财力；采访愈加注重提问艺术。

3.采访的类型

就业务操作角度而言，采访大致可分为现场采访、隐形采访、电话采访、预约采访、新闻发布会采访、旅游采访等类型。

4. 采访的程序

采访的一般程序大致包括采访预约、表明身份、采访提问、证实材料、询问内容公开情况、按规付费、整理笔记等环节。按采访的具体情况会有组合调整。

【课堂讨论】

春秋时期的“采诗”与现代新闻采访有何相似之处？

（二）采访的准备

1. 背景资料搜集

在采访之前应搜集尽可能多的相关资料。其中，既包括直接相关资料，也包括相关背景、参考资料，有利于记者定位新闻价值、确定报道重点、设计采访提问。

2. 资料搜集方法

一方面，平时的广泛阅读、体验、感知是广义的资料搜集，是重要的资料储备。

另一方面，利用网络、书报刊物、已有报道等是狭义的资料搜集，更具针对性。

（三）采访的提问

1. 采访的提问设计

在搜集、整理完相关资料之后，采访之前应对采访提问进行设计。

首先，对采访主题进行假设，并预设采访中可能出现的情况，对主题的修正甚至改变。

其次，对采访问题进行预设，设计提问的类型、方式、技巧等，并预判采访对象的态度、反应，准备好相关预案。

再次，根据具体情况设计简洁或复杂的采访提纲，并将问题写入其中。

2. 采访的提问类型

采访的提问大致有基本问题、引导问题、核心问题、补充问题等四类。

基本问题主要用于确定采访对象和新闻事件的关系，通常是中性的且易于回答的。

引导问题主要用于打开话题、放松气氛，类似于开场白，也称接近性话题。

核心问题涉及采访主题，是采访中的主要问题。

补充问题主要用于采访接近尾声时对采访中的重要内容进行确认、核实，也可对遗漏问题进行补充提问。

3. 采访的提问方式

采访中应将开放性问题和闭合性问题、常识性问题和突破性问题、顺手问题和棘手问题、迂回问题和直接问题结合提问、交错提问，把握采访提问的节奏。

4. 采访的提问技巧

第一个问题从拉近距离角度出发，并采用开放性问题，避免在采访开始便提棘手问题。

提问礼貌得体，避免使用不恰当的称谓，避免涉及隐私或不得体的问题，避免强行诱导回答。

采访中注意观察和聆听，并给出适当的反应和引导，避免轻易打断采访对象。

采访中始终关注主题在得到确认还是应当修正，始终考虑采写合一的问题即采访之后如何撰写报道。

棘手问题可以两三个准备性问题做铺垫，敏感问题可以后退一步，重要问题不一定留到最后。

适当采用错误提问引出正确答案，采用“激将法”“踩水式提问”使采访深入。

始终保持新闻敏感，注意采访中能启发新思路的暗示和话题并随机调整报道主题，注意结束语中有价值的信息。

态度严谨、真诚，但保持质疑不轻信，不要听到“无可奉告”就终止采访。

不要总问“你当时怎么想”，不要总问大而无当的问题。

找到适合自己的采访方式和技巧。

【课堂实践】

针对疫情舆情，准备新闻发言人答记者问提纲及记者提问提纲两份资料，模拟答记者问，每人均需参与提问和回答。

第四节　媒介应对

一、媒介应对的含义

（一）媒介应对的定义

媒介应对是指随机个体或与新闻事件相关个体面对各级各类媒体的记者、主持人等的反应与对策。

（二）媒介应对的类型

1. 大众传播媒介应对

大众传播媒介应对是指面对在各级各类媒体中进行的节目访谈或将会进入媒体播出的采访，一般均出声、出像。应对表达时，应注意大众传播的具体要求。

2. 人际传播媒介应对

人际传播媒介应对是指仅面对文字采访，应对内容会经由记者等的编辑后以文字形式出现于各级各类媒体。应对表达时，应注意措辞的严谨。

二、媒介应对的误区

总体而言，面对媒体采访，应当保持良好的心态。无论是作为普通路人面对街头随机采访，还是作为新闻事件相关者面对调查采访，都应避免恐慌、藐视、愤怒、消极等心态误区。

（一）恐慌心态

面对记者内心恐慌，往往导致言行失真。若是街头随机采访，完全没有必要恐慌，一般不会出现高难度或涉及隐私等问题，如若不愿接受采访可礼貌拒绝；若是新闻采访无法拒绝，则应放平心态、从容应对，恐慌会导致行为失措、言语失准、影响采访的客观真实。

（二）藐视心态

面对记者不屑一顾，往往导致言行无状，使得原本正常的新闻采访出现负面消息，使得已有的负面影响更为加重。

（三）愤怒心态

面对记者怒不可遏，往往导致言行粗暴，使得采访无法正常进行，一些严重的暴力行为可能涉及触犯法律，得不偿失。

（四）消极心态

面对记者东躲西藏，往往导致无法沟通。躲避采访不仅不能解决问题，反而可能使新闻事件发酵得更为严重，应当把握好应有的话语权合理发声。

【课堂讨论】

校园电视台记者在食堂想要采访你，你想拒绝采访，该如何沟通？

三、媒介应对的要求

面对媒体采访，应当注重平时积累，不断提高政治素养、媒介素养，在尽可能的情况下全面积极沟通相关各方，保证表达时的准确、到位。

（一）政治素养

应当提高政治敏感度，了解国家的大政方针，了解国内外环境，对与自己相关的新闻事件具有正确的定位和分析。

（二）媒介素养

不仅应当了解媒介的使用、媒介的功能，还应了解舆论环境和社会风貌，对与自己相关新闻事件具有正确的判断和理解，并妥善、积极地应对采访。

应注意若非肯定对方身份，尽量避免电话采访的形式，因其难以判别对方身份，也易录音造成被动局面。

对于采访人员应要求其出示证件、验明身份，还应明确网络媒体只有转载权而无采访权。

【课堂讨论】

你所了解的媒介素养有哪些内容？你的媒介素养如何？

（三）全面沟通

在记者预约采访之后或正式采访之前，可进行相关人员的全面沟通，确认自己是否应当接受采访、接受采访时内容的选择、注意的问题、解决的方案等内容。

四、媒介应对的技巧

面对媒体采访，应当注意有备无患、言多必失、积极应对、有效沟通等技巧的使用。

（一）有备无患

在接受采访之前应向记者要求采访提纲，做好充分的准备，避免直接接受采访心态不稳、乱中出错。

突如其来无法回避的采访主要基于自己对相关新闻事件的了解和平时的积累，回答时可适当折中、全面，避免绝对、片面的言论。

（二）言多必失

在可能的情况下尽量缩短采访时间，既防自己言多有失，也防不可预估的断章取义。

（三）积极应对

若自己或所在组织确实有误或有错，应当表现出积极应对的态度，说明原因、提出措施、消除影响。

（四）有效沟通

沟通时应真诚、有礼、理智、清醒，有声语言及无声非语言得体、切境，沟通情感、赢得理解，最大限度争取有效沟通。

【课堂讨论】

若遇到采访之后的断章取义或曲解，你该如何应对？

【课后作业】

1. 回顾课堂内容，预习下周内容。

2. 采访一位任课教师，提前做好采访提纲并与教师取得联系、获得同意，全程录音录像，做成采访小片并总结心得体会。

【推荐影视】

电影《晚安，好运》（*Good Night, And Good Luck*，2006）

电影《搜索》（*Caught in the Web*，2012）

【延伸阅读】

《天变邸抄》所报道爆炸案

天启丙寅五月初六日巳时，天色皎洁，忽有声如吼，从东北方，渐至京城西南角。灰气涌起，屋宇动荡，须臾大震一声，天崩地塌，昏黑如夜，万室平沈。东自顺城门大街，北至刑部街长三四里，周围十三里，尽为齑粉，屋数万间，人二万余；王恭厂一带，糜烂尤甚。偃尸层叠，秽气熏天，瓦砾盈空而下，无从辨别。衔道门户，震声南由河西务，东自通州，北自密云、昌平、告变相同。城中屋宇无不震烈，举国狂奔。象房倾圮，象俱逸出。遥望云气，有如乱丝者，有如五色者，有如灵芝黑色者，冲天而起，经时方散。

钦天监周司历奏曰：五月初六巳时，地鸣声如霹雳，从东北艮位上来行至西南方。有云气障天，良久散。占曰：地鸣者，天下起兵相攻，妇寺大乱。又曰：地中汹汹有声，是谓凶象，其地有殃。地中有声混混，其邑必亡。魏忠贤谓妖言惑众，杖一百乃死。

后宰门火，神庙栋宇巍焕，初六日早，守门内侍忽闻音乐之声，一番粗乐过，又一番细乐，如此三叠，众内侍惊怪巡缉，其声出自庙中，方推殿门入，忽见有物如红球，从殿中滚出，腾空而上，俄东城震声发矣。

哈达门火神庙，庙祝见火神支飒飒行动，势将下殿，忙拈香跪告曰：火神老爷，外边天旱，切不可走动。火神举足欲出，庙祝哀哭抱住。方在推阻间，而震声旋举矣。

皇上此时方在乾清宫进膳，殿震，急奔交泰殿，内侍俱不及随。止一近侍掖之而行。建极殿槛鸳瓦飞堕，此近侍脑裂，而乾清宫御座御案俱翻倒。异矣哉。

绍兴周吏目弟到京才两日，从蔡市口遇六人，拜揖尚未完，头忽飞去，其六人无恙。

一部官家眷，因天黑地动，椅桌倾翻，妻妾仆地，乱相击触，逾时天渐明俱蓬跣泥面，若病若鬼。

大殿做工之人，因是震而坠下者约二千人，俱成肉袋。

郎中潘云翼母居后房，雷火时抱一铜佛跪于中庭，其房瓦不动，得生。前房十妾俱压重土之下。颂天胪笔云：抱佛者云翼之妻，非母也。

北城察院此日进衙门，马上仰面见一神人，赤冠赤发，持剑坐一麒麟，近在头上，大惊，堕马伤额，方在喧嚷间，东城忽震。

初六日五鼓，时东城有一赤脚僧，沿街大呼曰：快走！快走！

所伤男妇，俱赤体寸丝不挂，不知何故？有一长班于响之时，鬃帽衣裤鞋袜，一霎俱无。

都城隍庙中初五夜，道士闻殿中喧嚷叫呼，绝似唱名之声。

初六日，王恭厂一小太监，早至厂见团团军马，围住听得内适内来，一个缚一个，监奔归响声震起。

五月朔，山东济南知府往城隍庙行香，及门官吏舆从俱各昏迷，有一皂隶之妻来看其夫，见其前夫死已多年，乃在庙管门，前夫曰：庙里进去不得，天下城隍在此造册。

四月二十七日午后，有云气似旗，又似关刀，见在东北角上，其长亘天，光彩初白色，后变红紫，经时而灭。

五月初三日，又见于北方，形如绦，其色红赤。初四日，又见类如意，其色黑。占者曰：此太白蚩尤旗之变幻，总一物也。

长安街空中飞堕人头，或眉毛和鼻或连一额，纷纷而下，大木飞至密云，驸马街，有大石狮子，重五千斤。数百人移之不动，从空飞出顺城门外。

震崩后，有报红细丝衣等俱飘至西山，大半挂于树梢。昌平州教场中衣服成堆，首饰银钱器皿，无所不有。户部张凤达使长班往验，果然。

予闻宰相顾秉谦妾，单裤走出街心，顾归见之，赤身跣足扶归，余人俱陷地中，不知踪迹甚众。又闻冯铨妻坐轿中被风吹去落下，止剩赤身而已。又石忽入云霄，磨转不下，非常怪异，笔难尽述。呜呼！熹庙登极以来，天灾地变，物怪人妖，无不叠见，未有若斯之甚者。思庙十七载之大饥大寇，以迄于亡，已于是乎兆之矣。而举朝若在醉梦中，真可三叹。

第十二周　社交沟通

教学内容

社交沟通概述；印象管理；信息沟通；邮件沟通。

教学学时

理论学时2学时，实践学时2学时，共计4学时。

教学目的

通过理论讲授，使学生基本了解社交沟通、信息沟通、邮件沟通的含义及要求，印象管理的含义及内容；通过实践训练，使学生将理论应用于实践，大致掌握现实印象管理及网络印象管理的内容、信息沟通及邮件沟通的基本技巧。

教学重点

社交沟通的优缺点；印象管理的内容；信息沟通的要求；邮件沟通的要求。

教学要求

1. 布置课前预习，浏览教材内容。
2. 理论讲授少而精，课堂互动巧而优。
3. 选择经典音视频，讲解教学重难点。
4. 结合丰富典型案例，指导有效实践训练。
5. 布置适量课后作业，融会贯通课堂内容。

教学模式

理论讲授+实践训练

第一节　社交沟通概述

一、社交沟通的含义

（一）社交沟通的定义

1.狭义

狭义的社交媒体沟通，或称社交沟通、社交媒体，是指用户创建网络社群的电子沟通形式。

2.广义

广义的社交媒体沟通，则是与个人社会交际相关的具有个人化特质的电子沟通形式，除了社交媒体，还包括手机通话及短信、电子邮件等。

（二）社交沟通的优点

1.增广关系

一方面，基于互联网所构建的各类社区为同好者提供了交流的新阵地与新圈层；另一方面，社交沟通在线交流的方式还为线下社交困难的内向人群提供了缓解孤独、建立关系的新途径。

2.强化关系

社交沟通还是改善原有关系、强化现有关系的重要途径。无论是短信、电子邮件的点对点沟通，还是社交媒体对特定对象的分享、分组，都为维持和强化关系提供了有效的方式。

【课堂讨论】

你是否常用好友“分组可见”功能？对于这一功能，你有什么感受？

3.社会支持

通过社交媒体向全社会或某些专业人群求助，还可以解决自己难以处理或难以向身边人吐露的个人问题，是和谐个人与社会关系的重要形式。

（三）社交沟通的缺点

1. 关系疏淡

社交媒体使得“好友”数量成倍增加，但是数量不能代替质量，“泛泛之交”可能占据绝大多数。

同时也应注意，有些关系天然地不具有私人化特征，但很少有亲密关系会不通过面对面沟通而只通过社交媒体沟通。

2. 关系恶化

与他人通过社交媒体沟通的时间过长，会对现实之中的重要亲密关系造成一定程度的伤害，无论是何种沟通媒介，度的把握尤显重要。

3. 社会孤立

不健康的互联网使用与网络社交偏好之间的因果关系尚难确定，但是长期沉浸于网上沟通而逃避现实沟通，必然会带来更为强烈的孤独感。

4. 网络暴力

由于互联网多情境下的非实名特征，欺骗、在线监视、网络欺凌等网络暴力言行会不同程度地对个体造成伤害，造成不可预估的后果。

【课堂讨论】

你是否遭遇过网络暴力？你如何看待网络实名？

二、社交沟通与面对面沟通

无论是电话、电脑还是社交沟通，作为全新沟通媒介出现的时候总是会被与面对面沟通作比，二者既有相似点又有不同点，也都可能提高或降低沟通及关系质量。

（一）相似之处

1. 目标相似

社交沟通与面对面沟通有着相似的沟通目标。

【课堂回顾】

沟通的目标/意义是什么?

2. 过程相似

社交沟通与面对面沟通有着相似的沟通过程。

【课堂回顾】

沟通的过程是什么?

3. 原则相似

社交沟通与面对面沟通有着相似的沟通原则。

【课堂回顾】

沟通的原则是什么?

(二)不同之处

1. 丰富性

相较于社交沟通，面对面沟通具备更丰富的无声非语言，对于信息具有更准确的接受、判断价值。同时也应注意某些情境下需要精简的社交沟通，因具体情况具体选择。

【课堂讨论】

社交沟通的精简化信息有什么积极意义?

2. 同步性

相较于除电话、视频之外的社交沟通，面对面沟通具备同步性特征。同步同时和异步延时都有各自不同的适用情境，各有所长也各有所限。

【课堂讨论】

你是否在意回复信息的及时性?

3. 留痕性

相较于面对面沟通，社交沟通具备留痕性的特征。面对面沟通除特殊情境下的录音、录像，内容不可逆、不留痕；而社交沟通会留下各种视听痕迹，有些甚至是永久性的。

【课堂讨论】

如何看待一些国家法律工作者提出“被遗忘的权利”？

三、社交沟通的要求

社交沟通除了应符合人际沟通的基本要求，还应遵循其特殊要求。

（一）网络规则

社交沟通有着自身独特的网络规则，主要包括尊重他人对于专注沟通的要求、公共场合言行文明、网络言论文明等方面。

（二）自我保护

社交沟通应注意保护自己，除了尽量保护自己的隐私，还应核实网上所见信息，深思熟虑后发布言论，平衡好社交沟通与面对面沟通，管理好自身形象，避免带来不必要的困扰和伤害。

【课堂实践】

列出面对面交流、电话、视频、短信、电子邮件、社交媒体在丰富性、同步性、留痕性等方面的不同，并思考对于沟通有何启示？

第二节　印象管理

一、印象管理的含义

（一）印象管理的定义

1. 隐私自我

隐私自我也称觉知的自我，是个体在真诚自省过程中所相信的自己，这种自我具有私密性，不会向大多数人袒露。

2. 公开自我

公开自我也称展现的自我，是个体想要他人看到的自己的形象。

3. 印象管理

印象管理是指对公开展现的自我形象的管理、构建。有效的沟通策略是重要的管理方式。

（二）印象管理的特征

印象管理主要有构建多重身份和合作印象管理两个特征。

1. 构建多重身份

每个人在社会中承担着不同的角色，面对不同的沟通对象，也会构建不同的自我形象。可以说，每个人的建构身份都是复杂多重的。

值得注意的是，除了少数特殊情况，大部分人都在有意无意地以一种有助于建立自己在他人眼中理想身份的方式进行沟通。

2. 合作印象管理

每个人的自我形象都是在和他人沟通的过程中展现出来的，沟通是一个相互的过程，沟通者通过对他人言行的回应构建起自己的身份。

（三）印象管理的意义

印象管理对于经营关系、获得认可、尊重他人、探索自我等方面具有积极意义。

1. 经营关系

当想要开始、改善、强化一段关系时，个体会有意识或无意识地进行印象管理。

2. 获得认可

当想要获得某人或某个场合的认可时，个体会进行印象管理。

3. 尊重他人

当想要满足他人对自己的美好形象期待时，个体会进行印象管理，这是保住他人颜面、尊重他人，同时构建自己形象的必要选择。

4. 探索自我

当想要尝试新的风格、探索新的自我、接触新的领域并由此体验他人对自己新形象的认可程度时，个体会进行印象管理，这对于提高社交能力具有积极意义。

【课堂讨论】

你是否会管理自我形象？你是怎么做的？

（四）印象管理与诚实

印象管理并不意味着弄虚作假。诚然，不诚实的印象管理普遍存在，尤其是在网络印象管理中。然而，每个人都有多重身份，沟通者应当提前决定好自身在不同情境中所要呈现出的形象才能实现有效沟通。

值得注意的是，无论呈现出的是何种形象，都应是沟通者真实的部分，没有人会在所有的沟通情境中完全袒露自己，这样做也是不合适的。

【课堂讨论】

“美颜”自拍是否诚实？

二、现实印象管理

（一）现实印象管理的定义

现实印象管理是指个体管理在现实生活中的自身形象，又称面对面印象管理。

（二）现实印象管理的内容

现实印象管理大致包括有声语言、无声非语言和配备三方面内容。

1.有声语言

沟通者的有声语言是现实印象管理的重要内容，能够较为准确地展现沟通者的综合素养。

2.无声非语言

沟通者的无声非语言包括了体态语言、服饰语言、妆发语言等内容，其也在有效传递着沟通者的信息。

3.配备

配备是指影响他人对自己印象判断的客观实体/物理工具。这些配备有可能出于真实的兴趣意愿，有可能出于印象管理的需要，是印象管理的重要辅助手段。

三、网络印象管理

（一）网络印象管理的定义

网络印象管理是指个体管理在互联网上的自身形象，主要是社交沟通印象管理。

（二）网络印象管理的内容

网络印象管理主要涉及个人资料、言论发表、自我相关视听内容展示、转发等内容。

值得注意的是，相对于现实中的面对面沟通，网络沟通给予了个体更多的印象管理控制权，也可能带来虚假信息等负面影响。

【课堂讨论】

打开你的“朋友圈”，选择一张照片、一段言论或一篇转载，说一说你发布时的心情与目的。

第三节　信息沟通

一、信息沟通的含义

（一）信息沟通的定义

1. 狭义

狭义的信息沟通是指通过手机传送书面短信息的方式进行沟通。

2. 广义

广义的信息沟通是指通过手机传送书面短信息或通过社交软件传送文字信息的方式进行沟通。

（二）信息沟通的特征

信息沟通具有操作简单、成本低廉，方式便捷、节省时间，避免打扰、避免直面等特征。

1.操作简单、成本低廉

无论是早期功能单一的普通手机，还是当下功能越来越强大的智能手机，短信始终是不可或缺的重要功能。一般具有多种输入方式的选择，对各类人群都较为友好。同时，无论是计费还是计流量，成本都极为低廉。

2.方式便捷、节省时间

以短信的方式进行沟通，避免了书信沟通、面对面沟通等方式的时空局限，简便易行，且大大节省了时间与其他成本。

3.避免打扰、避免直面

以短信的方式进行沟通，避免了电话沟通、面对面沟通等方式对沟通对象的打扰。同时，对于不便于面对面沟通的问题也是有效的沟通途径。

【课堂讨论】

你在什么样的情况下会选择信息沟通？

（三）信息沟通的作用

根据沟通情境的不同，信息沟通具有批评鼓励、请示汇报、交流交际、广告宣传等作用。

1.批评鼓励

批评鼓励主要用于职场沟通。多为领导对下属提出婉转的建议、批评或亲切的鼓励、表扬，可以有效维护双方形象，同时拉近双方的心理距离，有利于开展工作。

2.请示汇报

请示汇报主要用于职场沟通。多为下属对具体问题向领导进行言行请示或情况汇报，可以节省时间、提高效率。

3. 交流交际

交流交际主要用于日常人际沟通。多为日常交流和必要交际，是沟通情感、强化关系的有效方式。

【课堂讨论】

如何看待年节中的群发祝福？

4. 广告宣传

广告宣传主要用于商场沟通。多为商家给客户推送各类商品广告及自身形象宣传等，多为群发信息，效果难以明确。

【课堂讨论】

你是否收到过广告信息？什么样的广告信息对你来说是有用的？

二、信息沟通的要求

信息沟通虽然方便，但是也有一定的要求，或称信息礼仪，大致包括用语礼貌、时间恰当，措辞简明、重点突出，因人而异、展现语气等方面。

1. 用语礼貌、时间恰当

无论是发出信息还是回复信息，都应注意礼貌用语，不能因字数不多、追求时效等就忽略礼貌；发信息的时间选择也是礼貌的一部分，职场沟通应在工作日的上班时间内发信息，特殊情况需要及时处理则不受此限。

2. 措辞简明、重点突出

手机短信每条有字数限制，超出则会分条显示，社交软件没有字数限制，但总体而言信息不应过长，措辞应简明扼要、突出重点，并可适当使用分行等使层次分明。如内容确实太多，可视情况考虑电话沟通或面对面沟通。

3. 因人而异、展现语气

应根据不同的沟通对象选择不同的表达方式，文字既没有有声语言的停连、重音、语气、节奏等表达技巧，也没有无声非语言的辅助表意功能，因此必须以文字展现语气，如礼貌用语、语气词、标点符号、表情符号等的恰切选择。

【课堂实践】

你因病不能参加第二天上午的课程，时间已晚，你该选择何时、如何给老师发信息请假？编辑发送后全班进行讨论。

三、语音信息

随着通信技术的发展、智能手机的普及，社交软件的信息发送已经不限于文字信息，语音信息也成为重要的信息沟通方式。

（一）文字信息与语音信息

语音信息对于信息发出者而言，比文字信息更加便捷、更加省时省力，但是对于信息接收者而言，可能存在接听的情境困扰。因此，应注意语音信息的发送对象、时长等细节。

1. 因人而异

语音信息是有声语言表达，因此在传达信息内容的准确度上要高于文字信息，但应注意根据发送对象合理选择使用文字信息还是语音信息，避免给沟通对象带来困扰、影响沟通。

2. 控制时长

发送语音信息应注意控制时长，太短建议发文字即可，太长建议电话沟通即可，尽量避免一两个字一条语音信息或长篇大论数条语音信息的现象。

3. 遵守公德

在发送语音信息的时候应注意周围的环境，遵守公共秩序，避免影响他人。

（二）语音信息与印象管理

大致而言，语音信息的重要性应是大于文字信息而小于电话沟通，每条语音信息的容量也应是大于文字信息而小于电话沟通，其中度的把握需要用心分析、综合考量，选择最为恰切的沟通方式。

不分内容、对象、情境的随意语音信息，不利于个人印象管理，不利于沟通目标实现。

【课堂讨论】

你更喜欢发送文字信息还是语音信息？你是如何在二者中做选择的？

第四节　邮件沟通

一、邮件沟通的含义

（一）邮件沟通的定义

电子邮件沟通，或称邮件沟通，是一种以电子手段提供信息交换的沟通方式。

（二）邮件沟通的特征

邮件沟通具有低成本、高效率、可繁简等特征。

1.低成本

只要能够上网便能够收发邮件，成本即为低廉。

2.高效率

一封邮件可以同时发送给多人，能提高沟通效率。

3.可繁简

邮件内容可以简单明了，也可以丰富翔实，同时还能附带较为复杂的文档、图片、音视频等资料，有着较强的沟通实用性。

【课堂讨论】

你通常在什么情况下会使用电子邮件沟通？

二、邮件沟通的要求

（一）写邮件

电子邮件的主题、称呼、正文、附件、落款等都有基本的要求。

1. 主题

主题应当提纲挈领，显示邮件的主要内容，同时不宜过长，若被省略显示则没有意义。

2. 称呼

电子邮件与书信具有相同之处，均应有称呼和落款。称呼应礼貌、恰当，应有“您好”等问候语。

3. 正文

正文应行文简洁，避免啰唆重复；内容完整，避免补充重发；层次清晰，保证面面俱到但层段清楚；重点突出，合理提示重要内容。

正文最后、落款之前应再次表达祝福问候。

4. 附件

如果邮件带有附件，应在正文中进行提示；附件应有准确的名称；附件不宜过多、过大。

5. 落款

邮件必须落款，这是起码的礼貌和尊重；可针对不同的收件人修改不同的签名档，避免火星文、二次元等签名现象。

（二）回邮件

回复邮件时除了注意写邮件的要求，还应注意及时回复、整理页面。

1. 及时回复

尽量及时回复邮件；若因内容复杂难以及时给出回应，也应回复表明已收到邮件；若出差或休假时应设置自动回复，避免耽误沟通进程。

2. 整理页面

回复邮件时应删除原页面中无用的部分和无关的内容，保持页面整洁清楚。

三、邮件使用的要求

（一）根据要求使用

电子邮件相较于社交软件更显正式，因此，相对正式的沟通和资料传输应考虑使用电子邮件，具体根据沟通情境和要求灵活选择。

（二）注意隐私保护

使用邮件沟通时应注意保护个人隐私、他人隐私和行业机密，尽量一对一准确发送，避免错发、误发、群发等引发难以预估的后果。

（三）正确使用发送、抄送和密送

收件人应回复邮件；抄送对象只是需要了解相关内容，不必回复邮件；密送对象收件人不会知晓，特殊情况下才会使用。

【课后作业】

1. 回顾课堂内容，预习下周内容。

2. 从性别和年龄两个角度对社交媒体使用情况进行调查、分析，可包括但不限于沟通媒介选择、话题关注、语言特征等。完成调查报告后以邮件形式发送给任课教师。

【推荐影视】

电影《社交网络》（*The Social Network*，2010）

电影《玩命直播》（*Nerve*，2016）

【延伸阅读】

150定律

150定律（Rule of 150），即著名的“邓巴数字”，由英国牛津大学人类学家罗宾·邓巴（Robin Dunbar）在20世纪90年代提出。该定律根据猿猴的智力与社交网络推断出人类智力允许人类拥有稳定社交网络的人数是148人，四舍五入为150人。

该定律指出，人的大脑新皮层大小有限，提供的认知能力只能使一个人维持与大约150个人的稳定人际关系，这一数字是人们拥有的与自己有私人关系的朋友数量。也就是说，人们可能拥有远不止150名好友，甚至更多社交网络的“好友”，但大多数人只能维持大约150段现实生活中的关系。如果足够幸运，人们能够拥有由5个“核心”人物组成的内部圈子，以及由10到15个亲密的亲朋好友组成的一个圈子，还有大约35个联系相对密切的人形成的一个圈子，最后还有剩下的大约100人组成的、维持着有意义联系的一个圈子。除了这150人，大多数人没有时间和精力来维系更多的人际关系了。

邓巴还对比了拥有上千名网络好友的人与拥有较少网络好友的人，他发现这两组人之间并没有显著差异。不管社交网络的使用者宣称自己有多少网络好友，他们都只与同样数量的人——大约150人——维持关系。他认为，人们享受拥有大量“好友”的优越感，但现实是他们的朋友不可能比其他任何人的更多。

第十三周　面试沟通

教学内容

简历面试；现场面试；电话面试；视频面试。

教学学时

理论学时2学时，实践学时2学时，共计4学时。

教学目的

通过理论讲授，使学生基本了解简历面试、现场面试、电话面试、视频面试的基本原则、操作原则及具体问题；通过实践训练，使学生将理论应用于实践，大致掌握面试中的基本技巧。

教学重点

简历面试、现场面试、电话面试、视频面试的基本原则、操作原则及具体问题。

教学要求

1. 布置课前预习，浏览教材内容。
2. 理论讲授少而精，课堂互动巧而优。
3. 选择经典音视频，讲解教学重难点。
4. 结合丰富典型案例，指导有效实践训练。
5. 布置适量课后作业，融会贯通课堂内容。

教学模式

理论讲授+实践训练

第一节 简历面试

一、面试准备

无论是应聘还是升学，都面临着面试这一关。面试大致有简历面试、现场面试、电话面试、视频面试等形式。在面试之前，应当提前做好相应的准备。

（一）认识自我

在准备应聘工作或是升学深造之前，应当对自己有较为清晰的认知与定位。自我认知应当避免误区，从外在到内在、从劣势到优势全面涉及、客观理性。

（二）明确目标

大学生有专业、有技能，经过4年的学习、实践基本会有大致的就业或升学方向，一般不需要按照科学测评、结果分析、职业研究、设立目标、具体实施这样的职业目标确立过程来重新寻找自己的职业目标，但依然可以作为参考。通过科学的测评方法正确认识自己的智商、情商、性格、气质等以及相匹配的职业范围，对相关职业进行深入研究并找到自己的职业目标进行分解实施。

同时，还应意识到自己依然在发展、进步，对于目标单位或是目标院校即便有差距，还有继续完善自我的机会。

（三）收集信息

应当通过校园网、招聘会、媒介、实习、介绍、中介等多种渠道收集单位或院校信息，还应注意收集了解相关政策信息，在海量的信息中找到重点目标并重点实施。

【课堂实践】

每人完成一份职业生涯规划，任课教师进行一对一的指导。

二、简历面试

提交个人简历是应聘、升学必不可少的环节。虽然尚未现场“面”谈，但简历如同镜像代表着你与对方沟通，是一种特殊形式的面试。

（一）个人简历的作用

陌生人只能通过简历来了解你，简历可能就决定了你的未来。简历是求职、深造的敲门砖。

（二）个人简历的内容

简历需要将自己与目标单位或目标院校密切相关的个人信息经过整理后清晰简要地呈现出来，基本均为表格形式，内容大致包括个人信息、教育背景、工作/实习经历、获奖情况、技能证书、创作成果、兴趣爱好、联系方式等。

（三）个人简历的基本原则

制作简历的基本原则为真实性、针对性。

1.真实性

第一，信息真实。与个人经历、经验、能力等相关的信息大多具有相关证明，而与专业相关的内容则更好验证，因此简历中若出现虚假信息基本一看就明白、一问就露馅儿。

第二，意愿真实。不能以无所谓的态度随意投简历，应考虑好所有的可能性后慎重投递简历，简历制作、面试问答等各个环节都能看出意愿是否真诚。

2.针对性

对于升学来说，应当根据报考院校、报考专业等灵活调整内容。

对于应聘来说，应当根据招聘要求、岗位要求等灵活调整内容。

另外，网络填报个人简历多为固定制式，如有特别想要展示或说明的内容应在“自我评价”或“备注”等自由填写栏目中显示。

（四）个人简历的操作原则

制作简历的具体操作过程中，应注意简历应简洁但不能简陋，适当优化但不能浮夸虚假。

1. 简洁但不简陋

第一，基本内容齐备。简历应有的基本内容应当具备，同时应做到信息明确、重点突出、一目了然。

第二，避免贪大求全。不重要的奖项、兼职、个人信息应当勇于放弃，简历以“简”为要，没必要也不可能面面俱到，但也应注意不可过分简单甚至简陋。

2. 优化但不浮夸

第一，简历形式应适当美化但不繁复浮夸。既要避免横条竖条状的纯黑白表格简历，也要避免色彩、花纹过分夸张跳脱的晃眼简历。

第二，简历内容应实事求是但有策略表达，既不说假话也不说大话。

（五）个人简历的具体问题

1. 模板问题

简历可以使用模板，但应注意修改，根据目标单位或目标院校具体调整，不与他人雷同，符合目标要求。

建议有能力最好可以自制，简洁、便于阅读、符合个人特质即可。

2. 篇幅问题

当前，“一页纸”/“一面纸”简历在全世界范围内都较为流行，可以使用，但应根据要求灵活处理。既不能过度“瘦身”缺乏有效信息，也不能长篇大论淹没有效信息。

建议两页纸比较合适，即A4纸正反打印，1000—1200字，英文简历则字数减半。

3. 邮箱问题

投递简历或联系方式可以使用普通邮箱，对于一般的应聘、升学等没有问题，不一定非得用商务邮箱。至于特殊行业、特殊工种，待真正进入了再用相关商务邮箱也不迟。

4.措辞问题

简历的写作应注意具体、精练、有条理；避免欧式长句，应注意分解结构，多用短句，多用“组织……”“带领……”“参与……”“获得……”等动宾结构短语，多用数字量化。

5.细节问题

注意字体、字号、行间距、页边距等排版问题，不能出现错别字、语法错误等问题。

照片、个人信息根据要求附上。

手机、邮箱等联系方式不能忘。

自我评价、简历封面如无要求尽量不要加。

【课堂实践】

针对两则不同招聘，每人制作两份简历，任课教师进行一对一的指导。

第二节　现场面试

一般而言，简历通过审核之后便会进入现场面试。现场面试主要包括自我介绍与现场问答两个基本环节。

一、自我介绍

（一）自我介绍的内容

自我介绍和简历的主要内容有重合的部分，大致应包括姓名、身份、教育背景、工作/实习经历、获奖情况、技能证书、创作成果、兴趣爱好等。

（二）自我介绍的目的

1.展示自我

如果说简历是敲门砖，那么自我介绍则是打开职业或学业大门的第一把钥匙。自我介绍是对自己情况的简单说明，同时也是自我形象的第一次直观展示，对于面试具有重要的意义。

2. 说服对方

面试是一种带有特殊目的的沟通，自我介绍也是一种说服的手段和艺术，应当围绕目标单位或目标院校的要求具体组织内容进行表达，重点在于说服对方，使对方意识到你“合适”。

（三）自我介绍的基本原则

自我介绍的基本原则为简明性、条理性。

1. 简明性

简明性是指自我介绍应当简明扼要。在进入现场面试之前，面试官已看过电子版简历或现场有纸质版简历，因此重合的部分应当说得更加简洁。如纸质版简历会写明各个学历学位的起止年月，那么在自我介绍的时候则可以直接说某一届毕业即可。

2. 条理性

条理性是指自我介绍应当层次分明、重点突出。主要内容的各个部分应当“归堆抱团”、起止鲜明，重点内容应多用篇幅、放慢语速、提请注意。

（四）自我介绍的操作原则

在自我介绍的过程中，应注意态度诚恳谦逊、表达自然流畅、有声语言恰当、无声非语言切境。

1. 态度诚恳谦逊

在自我介绍的过程中应注意心态和情态。心态平和，但有真诚加入对方的愿望；情态自然，不傲慢、不卑微；从有声语言到无声非语言都应表现出自己的重视、期待、诚恳、谦逊。

2. 表达自然流畅

在自我介绍的过程中应注意表达的自然、流畅，控制紧张情绪，尽量一气呵成。

3. 有声语言恰当

在自我介绍的过程中应注意有声语言措辞恰当，情感适度，吐字清晰，音量适中并与面试环境相匹配。

4. 无声非语言切境

在自我介绍的过程中应注意无声非语言切合面试情境，神态自然，可略带微笑；无论站姿或坐姿都应符合体态语规范，避免摇头晃脑、手舞足蹈；服装选择应切境、得体、整洁，可偏保守，避免奇装异服。

（五）自我介绍的具体问题

1. 篇幅问题

一般而言，自我介绍建议控制在1分钟左右比较合适，具体可根据要求灵活调整。

2. 措辞问题

语言表达应通俗易懂、简洁明快，多用短句，突出口语的特点，避免生硬的书面语。

3. 细节问题

应携带个人简历及相关证书证明，以备不时之需。

自我介绍之前应向面试官打招呼，结束应表达感谢。

语言可适当突出个性，给人留下独特的印象，但应避免夸张怪异、哗众取宠。

【课堂实践】

每人完成一份1分钟自我介绍的文稿并向全班介绍自己。

二、现场问答

一般而言，自我介绍之后便进入现场问答环节。

（一）现场问答的目的

现场问答是经过面试单位或院校精心组织、设计的，通过面对面沟通对面试者进行测评，也让面试者了解相关信息，是重要的双向交流机会。

（二）现场问答的准备

现场问答的准备大致可以分为对目标对象的了解和对常见问题的准备两方面。

1. 了解目标对象

在现场面试之前应当对目标单位或目标院校的基本情况进行了解，对招聘岗位要求或攻读学位要求进行了解。

2. 准备常见问题

准备好面试问答中常见问题的答案，如为什么投递简历、自己的优缺点等，应注意答案的真实可信和巧妙有效。

（三）现场问答的基本原则

回答提问的基本原则为实事求是、分寸得当和自圆其说。

1. 实事求是

实事求是是指态度真切、诚实、谦虚、稳重，既不夸张渲染，也不自卑低微，尤其应避免假话。

2. 分寸得当

分寸得当是指表达时讲究度的把握，尽量少用绝对性词句，内容及方式切合面试情境；同时，对于时间的把握也应恰到好处，既不能长篇大论、滔滔不绝，也不能三言两语、随意结束。

3. 自圆其说

自圆其说是指无论面对有所准备的问题还是全新的问题，在回答时都应尽量做到逻辑清晰、表达准确、语言精练、自圆其说。很多问题并没有标准答案，完全看自己是否能够阐释得有理有据、滴水不漏。

（四）现场问答的操作原则

在现场问答的过程中，和自我介绍一样也应注意态度诚恳谦逊、表达自然流畅、有声语言恰当、无声非语言切境。

（五）现场问答的具体问题

1. 篇幅问题

回答问题时应控制好时长，说清即可，避免过长或过短。尤其应提醒自己言多必失。

2. 措辞问题

语言表达应通俗易懂、简洁明快，多用短句，突出口语的特点，避免生硬的书面语，同时尽量少用专业术语以防露怯。

3. 细节问题

应携带纸笔，当出现问题较长或面试官要求一一提问后统一回答等情况时，可以适当记下关键词。

回答问题之前及回答完毕之后均应向面试官致谢。

面试结束时应礼貌离开，注意摆放椅子、关门等细节。

【课堂实践】

邀请北京市某区融媒体中心负责人及某院校教师进入课堂，模拟真实应聘、升学面试。

第三节　电话面试

一、电话沟通

电话是现代社会常用的沟通媒介，具体可分为座机和手机/移动电话两种类型。座机常用于正式的商务沟通，手机则因其便捷、高效、普及的特点已成为现代社会的重要生活方式之一。

（一）正确接打电话

正确接打电话应注意用语礼貌、时间恰当，吐字清晰、措辞简明。

1. 用语礼貌、时间恰当

无论是接到电话还是拨出电话都应注意礼貌用语，尤其是接到打错的电话以及拨错电话的时候也应注意礼貌。

拨打电话的时间选择也是礼貌的一部分，应在工作日的上班时间内拨打电话，过早、过晚或中午休息时间或许能够打通电话，但是不够礼貌，不利于沟通目标的实现。

另外，代他人接电话应注意记录来电人员信息、事件信息、回电信息等关键内容。

2. 吐字清晰、措辞简洁

打电话时的语言表达应注意吐字清晰、语速适中、措辞简洁、语意明确，防止传输过程中的信号消耗。

（二）正确接打手机

正确使用手机除应注意用语礼貌、时间恰当，吐字清晰、措辞简明，还应注意通话方式、遵守公共秩序和维护交通安全。

1. 注意通话方式

接打手机时应尽量避开他人，既避免干扰他人，也防止影响通话质量；若无法避开他人时应尽量轻声说话。

2. 遵守公共秩序

在公共场合使用手机，应注意通话时的音量不要影响他人；在安静的室内场所，手机应调至静音或震动模式，并关闭手机键盘音。

3. 维护交通安全

在驾车时避免接打电话，重要电话可使用耳机；在走路时尽量避免使用手机，若要接打电话、发短信尽量在安全的地方站定后再使用手机。

【课堂讨论】

还应注意哪些手机礼仪？

二、电话面试

一般而言，公务员、事业单位、国内（除港澳台）升学电话面试较少，公司（国际公司）、国内港澳台及国外大学升学电话面试较多。有的通过电话面试即可，有的则是通过电话面试之后才有现场面试的机会。

（一）电话面试的基本原则

电话面试的基本原则为礼节性、条理性。

1. 礼节性

接到电话时应主动问好，结束电话时应及时致谢。

2. 条理性

条理性在任何一种有声语言表达的场合都十分重要，但电话面试因为仅有声音而没有形象的展示与无声非语言的辅助，说话内容的条理与逻辑尤显重要。不仅要表达自己，还得对方理解、接受，因此应避免漫无目的、东拉西扯的连篇累牍、长篇大论，应做到条理分明、逻辑清晰的提纲挈领、言简意赅。

建议一般情况下可以用最简单的“总—分—总”结构进行表达。

（二）电话面试的操作原则

在电话面试的过程中，应注意未雨绸缪、有备无患，头脑冷静、思路清晰，语速适中、表达流畅，控制表情、状态积极。

1. 未雨绸缪、有备无患

准备好简历、目标单位或目标学校情况、可能的问题等，在电脑、手机中各存一份，同时打印好纸质版，随时应对。

若是英语交流，还应准备好英文相关资料。

2. 头脑冷静、思路清晰

电话大多突然而至，得知对方是谁之后，应迅速冷静下来，调动起对对方单位或学校的认知，有条不紊地回答问题。

电话开始一般会核实信息，应在这一过程中迅速找到纸和笔、简历和准备好的相关材料，以备记录、参照。

专业性的问题应训练有素、简明扼要、重点突出。

开放性的问题或不在准备范围之内的问题应抓住要点、尽你所能、如实回答。

“挖坑”式的问题或“考验”式的问题应迅速反应、规避“雷区”、巧妙回答。“挖坑”如对对手单位、曾经单位、兄弟院校的看法，应积极评价；“考验”如对薪资的看法，则不能功利。

3. 语速适中、表达流畅

回答问题或交谈时应保持适中的语速，不要因急切、紧张等情绪抬高调门或加快语速，语言表达应积极、流畅，任何不合时宜的停顿都有可能造成不专业或不诚心的印象。

4. 控制表情、状态积极

电话面试只听声音没有形象，声音所传递的信息较面对面交谈显得更多。说话时嘴角上扬和皱着眉头在听感上具有明显的差异，要让自己的表情与现场面试一样展现出轻松、愉悦，对方虽然看不见，但听得见。

同样，看不见形象，那么声音所展示出来的“冷暖”便在听感上尤显突出。用积极的、热情的、自信的暖声，而不是消极的、懈怠的、畏缩的冷声。

（三）电话面试的具体问题

1. 电话突如其来、场景不宜接听

当在公交、地铁等公共交通工具上或商场、街道等嘈杂环境中，甚至有可能在上课、开会时，可以实话实说，试探询问是否可以稍后回电。

若对方同意，应注意根据自己所处环境以及实际情况给出大概时间点，不能让对方无休止等下去，同时给自己留出一定的准备时间，比如回到家里或宿舍找出相关资料，理清头绪、心平气和后尽快回电。

若对方以时间不长只需简单配合等理由不同意，应调节音量，尽快找到周边相对安静的地方进行电话面试。

2. 没听清/没听懂

若没听清或没听懂，可以礼貌地请对方重复，不要不好意思，不要不懂装懂，否则答非所问反而弄巧成拙。

3. 让提问题

应提前准备相关问题及答案。

若只是单纯提问，建议可以询问何时能接到是否通过的通知，“如果通过”则下一步的流程、时间，以及到岗时间、申请职位或专业的相关细节等，体现出热切的关注而不是冰冷的质疑。

【课堂实践】

邀请北京市某影视公司人力资源部经理模拟电话面试。

第四节　视频面试

一、视频面试的基本特征

视频面试与现场面试、电话面试均有相似之处。相较于现场面试，视频面试具有范围集中的特点；相较于电话面试，视频面试则接近于现场面试的要求。

1. 范围集中

现场面试有环境的布置、现场的人员等，视觉吸引点较多；而视频面试缺少了客观环境因素的影响，面试官的观察范围更为集中，对于面试者的要求也就更高。

2. 有效准备

不同于电话面试可以查看资料，视频面试与现场面试一样，没有资料可供参考，因此要做好充分的有效准备。

有一些内容可以放在屏幕上，但应注意眼镜是否反光，以及点击鼠标的动作与声音。

二、视频面试的具体问题

视频面试的基本原则和操作原则与电话面试基本一致，需要注意一些视频面试的具体问题。

1. 服装选择问题

服装色彩与播音员主持人出镜服装要求基本一致，应避免颜色过多、对比过强；避免纯白、纯黑，以及饱和度过高的鲜艳纯色；避免细碎格纹、反光材质。总体而言，低饱和度的蓝色、灰色等颜色较为合适。

服装式样应根据具体情况选择，一般应偏正式，避免奇装异服，面试并非彰显个性的场合。

2. 出镜范围问题

第一，调整摄像头的距离。距离镜头太近会产生变形，并带来压迫感；太远无法看清面部，并产生疏离感。可以参考播音员播音时的近景景别，即胸部以上入画，具体可理解为上衣的上部三分之一入画。

第二，调整摄像头的高度。保持在镜头中的平视，避免仰视或俯视。

3. 眼镜反光问题

眼镜在视频中可能映出屏幕上所看的内容，应提前找好位置与角度。一方面避免眼镜中反复出现画面影响面试官的信息接收，另一方面避免万一要看屏幕上准备的内容而被发现显得准备不足。

4. 眼神交流问题

眼睛应基本保持看着摄像头，对着摄像头说话，如果看屏幕上的人便会眼神错位，产生不知对谁说话、“自说自话”的观感，影响沟通交流。

5. 肢体语言问题

镜头里一切都会被放大，应注意控制肢体动作、面部表情，强控制避免习惯性的小动作、微表情；对方说话时可适当微微前倾、轻轻点头，以无声非语言进行交流。

6. 网络信号问题

第一，应注意信号，找到所处室内信号较好的地方。

第二，应注意音频，输入输出应保证清晰。

第三，应注意信号延迟，不要因此打断对方说话。

【课堂实践】

邀请北京市某事业单位人事处长模拟视频面试。

【课后作业】

1. 回顾课堂内容，预习下周内容。

2. 根据课堂学习、实践以及老师、专家的建议，修改自己的简历与自我介绍。

【推荐影视】

电影《叫我第一名》（*Front of the Class*，2008）

电影《终极面试》（*Exam*，2009）

【延伸阅读】

求职相关网站

中华人民共和国人力资源和社会保障部 www.mohrss.gov.cn

技能人才评价工作网 www.osta.org.cn

中国国家人才网 www.newjobs.com.cn

中国就业网 www.chinajob.mohrss.gov.cn

国家大学生就业服务平台 www.ncss.cn

第十四周　项目沟通

教学内容

项目沟通概述；制片沟通；导演沟通；其他部门沟通。

教学学时

理论学时2学时，实践学时2学时，共计4学时。

教学目的

通过理论讲授，使学生基本了解影视项目沟通的含义及要求，制片、导演及编剧、演员、摄影、录音等各部门沟通的要求；通过实践训练，使学生将理论应用于实践，大致掌握影视项目沟通的基本技巧。

教学重点

影视项目沟通的技巧；说服的技巧；制片沟通的要求；导演沟通的要求。

教学要求

1. 布置课前预习，浏览教材内容。
2. 理论讲授少而精，课堂互动巧而优。
3. 选择经典音视频，讲解教学重难点。
4. 结合丰富典型案例，指导有效实践训练。
5. 布置适量课后作业，融会贯通课堂内容。

教学模式

理论讲授+实践训练

第一节　项目沟通概述

一、项目沟通的含义

1. 项目沟通的定义

项目沟通是指就某个商业项目进行买卖或合作的协商沟通。

2. 项目沟通与客户沟通

项目沟通与客户沟通有着相似之处，但项目沟通侧重合作，客户沟通侧重买卖。

就影视项目而言，是制片方、投资方、播出平台以及导演、编剧、摄影、录音、美术等多部门、多工种通力协作的艺术，重在合作、平衡、各取所需。

二、项目沟通的要求

影视项目参与各方必须合作，合作则必须沟通。制片方更关注市场，投资方更关注回报，导演、编剧等更关注艺术创作，各方所处立场不同、诉求不同，在相互沟通中应做到了解对方、换位思考，求同存异、坚持原则，维护关系、聚合资源。

（一）了解对方、换位思考

影视作品是合作的成果、集体的艺术，尤其是商业项目，只从自己角度出发、过分坚持自我是不适应影视项目的本质特点和市场要求的，仅凭一己之力也很难创作出高质量的作品。

在沟通中，应当了解对方信息，发现对方需求，站在对方立场上看待分歧，理解各自的不同诉求并以实现合作的心态寻求平衡。

（二）求同存异、坚持原则

在沟通中，应最大限度地求同存异，在保证各方诉求最大限度实现的同时不突破各自底线，该坚持的原则还是应当坚持，该让步的则大度退让。

（三）维护关系、聚合资源

影视项目的合作特征要求参与各方都应维护好彼此之间的关系，“买卖不成仁义在”，这次不行等下次，聚合、掌握有效资源是完成影视项目的必要路径，尽量避免“一锤子买卖”。

三、项目沟通的技巧

影视项目参与各方在沟通时要做到有效，应当从说、听、问等方面入手，掌握一定的技巧，实现项目的合作。

（一）说

在表达时应避免使用负面词汇，做到态度热情和善、普通话标准、语气自信、语音语调准确、音量语速适中、语言简洁明了、逻辑清晰、重点突出，并适当使用专业词汇以展示专业性。

同时，应注意视觉辅助工具的使用，如纸质版或电子版的公司介绍、策划案、剧本或相关演示文稿等，通过直观的方式补充表达的内容，且更显专业、诚意。

（二）听

通过认真倾听，合理分析对方表达的确切意思以及言外之意，可以了解对方的意愿、倾向、底线等内容。认真倾听，不随意打断对方，既是尊重的表现，也是掌握主动的有效路径。

（三）问

除了充分表达自我，认真倾听对方，还应注意有效提问，针对核心问题、主要分歧等结合开放性问题和闭合性问题、顺手问题和棘手问题等交错提问，把握提问的节奏，同时注意礼貌得体、集中注意力。

四、说服的技巧

（一）说服的含义

1. 说服的定义

说服是指通过摆事实、讲道理等方式使沟通对象相信、认同某个观点或主张。

2. 说服的过程

说服的过程大致分为两个阶段：一是通过整洁的仪容、得体的仪表、礼貌的举止、真诚的态度引起对方注意，吸引对方的兴趣；二是通过明白晓畅、情理交融的表达使对方认可、接受。

（二）说服的技巧

在沟通中，无论是传递自己的观点还是反驳对方的观点，都需要说服，应学会使用一定的说服技巧实现沟通目标。

1. 言谈有礼、表达有度

沟通中的言行举止都应合乎礼仪，学会尊重他人；说话的内容、方式等都应把握好度，营造良好的沟通氛围是说服的重要基础。

同时还应注意，无论是沟通还是说服，都应心平气和，避免争论争辩。即使面对分歧，也应控制情绪、礼貌沟通，避免语出伤人、影响合作。

2. 充分了解、因人而异

根据前期了解以及沟通中倾听的了解后，针对不同的对象采用不同的沟通、说服方式，或直白、或委婉，或影射、或举例，或巧言点拨、或善意威胁。具体使用应结合准备程度、沟通技巧随机应变。

3. 抓住心理、把握时机

在沟通中，应当通过说、听、问准确抓住对方心理，“对症下药”。同时，还应注意说服时机的把握，时机既包括沟通所选择的合理时间、地点和环境，也包括具体沟通中的恰当节点，应仔细观察对方的反应，使用合理技巧进行说服。

4. 实事求是、树立权威

在沟通中，应实事求是地展示公司水准、自身能力和项目前景，可以通过有声语言表达或演示文稿进行适当美化，但不能大相径庭、相去甚远，否则影响行业诚信度。同时，应通过专业积淀、经验积累以及良好口碑逐渐形成权威性与可信度，增加沟通说服的外在筹码。

【课堂讨论】

你是否有过成功说服他人的经历？成功的原因是什么？

第二节　制片沟通

制片是指制作影视作品使之从无到有的过程。按照具体职务的不同，大致可以分为制片人、执行制片人、制片主任等。制片工作贯穿影视项目全程，与各部门各工种均需密切配合、有效沟通、完成作品。

一、制片人沟通

（一）制片人的含义

1. 制片人的定义

制片人是整合各个部门/元素使影视项目运作起来的人，也是影视项目团队的领导者。

2. 制片人的工作

从前期比较选题、预估市场、策划剧本、搭建班底、选择平台，到拍摄期间进组把关、控制预算、处理危机，再到后期审看作品、宣传发行、排期定档，制片人的工作贯穿影视项目全程。

（二）制片人的沟通

制片人把控影视项目全局，是第一责任人，需要沟通影视项目内部和外部多方，必须具备相当的沟通技巧才能使项目在短则数月多则数年的时间里顺利进行。

1. 塑造良好职业形象

制片人首先应当塑造自我良好的职业形象，一方面在于仪容仪表整洁、举止得体，并根据约谈对象的不同选择恰当的时间地点；另一方面在于言谈有礼、表达有方，自信、热情、和缓、有度。同时，还应注意了解行业现状，有效预估预判，表达内容专业、有力。

2. 把握各方沟通重点

编剧：制片人应从市场角度把控剧本创作，并提出有效的话题概念、故事内核、人物形象、人物关系、价值观等内容，及时调整编剧从纯粹艺术创作角度出发带来的市场不适应等问题。

导演：制片人应和投资方沟通好创作要求并和导演有效沟通，导演只对制片人负责，避免出现多方意见不一致影响拍摄的情况。同时，制片人还应为导演团队配备合适的制片团队，并对相关人员进行整体把控。

演员：制片人应根据影视剧的制作进度提前三四个月沟通主要演员档期，这也是影响开机时间的重要因素。

平台：制片人应为作品选择合适的播出平台，根据地面频道、卫视频道、网络平台等的具体要求沟通最为恰当的合同购买类型，如预购还是以投代购，独播还是拼盘等。同时，后期还应沟通最为合适的排期定档等问题。

投资方：制片人应以精彩的剧本或强大的主创阵容说服投资方，并对投资比例及利益共同体等方面进行深入沟通。

剪辑：制片人应整体把握作品的结构、叙事、人物、表演、配乐、特效等要素，提出合理修改意见。

审查：制片人应针对审查部门提出的问题“有则改之”，符合政策规定的部分则应尽量沟通说服对方，以保证作品的完整性、艺术性。

宣发：制片人应提供宣发部门主要宣传思想、大致方向与路径，宣发部门操作实施具体的宣传发行。

此外，制片人在拍摄期间应沟通各方预算支出，解决各方合作问题，为拍摄顺利进行全权负责。

二、执行制片人沟通

（一）执行制片人的含义

1. 执行制片人的定义

执行制片人是对制片人制片思路进行具体执行的人。执行制片人需要跟组工作，对制片人负责。

2. 执行制片人的工作

执行制片人的工作与制片人基本重合，需要执行从前期到拍摄再到后期的具体工作的落实，工作同样贯穿影视项目全程。

（二）执行制片人的沟通

执行制片人的沟通要求与制片人基本一致，甚至在拍摄现场的具体细节方面要求更高。执行制片人在拍摄期间需要实际把控全场，因此最好熟悉各部门各工种的工作内容、特点和要求，以方便开展沟通工作。总体上应做到预判有备，解决有效，沟通有礼有力有节。

三、制片主任沟通

（一）制片主任的含义

1. 制片主任的定义

制片主任是受执行制片人聘请在限定时间、限定金额内完成影视项目拍摄生产的人。制片主任管理制片部门，对执行制片人负责。

2. 制片主任的工作

制片主任的工作从项目通过审批后正式启动便开始了，进行整体资金预算及核准各部门具体预算、组建制片团队、安排拍摄计划等。在拍摄期间，制片主任应合理安排进度，明确费用，及时与资方沟通，积极与当地政府部门沟通。在拍摄后期，制片主任还要负责联系场地、机房、录音棚、调色师、配音演员等以及支付费用。

制片部门一般下属生活制片、现场制片、外联制片以及统筹等四个具体操作部门，生活制片主要负责饮食、住宿，现场制片主要负责催场、解决现场问题，外联制片主要负责选景，统筹则主要负责拍摄计划。

（二）制片主任的沟通

制片部门无小事，一个看似细小的疏漏可能引发巨大的拍摄连锁问题。制片主任是剧组的“管家”，应事无巨细、考虑周全，并和各个部门以及每一个剧组成员有效沟通，建立和谐的剧组氛围。

1.情理结合

制片主任应根据不同的对象、不同的问题采用不同的应对、沟通方式，整体而言应做到办事有情有义、表达有理有据，兼顾公平和感情。

2.树立权威

制片主任面对各种复杂状况，应具备专业能力与沟通技巧，在讲情讲理、态度真诚的同时树立权威形象，该讲求原则的时候决不妥协，该秉公处理的时候决不姑息。

3.真诚沟通

制片主任的工作琐碎繁杂，在沟通时应心态平和、态度真诚，真心、悉心地为每一个剧组成员服务。

4.及时沟通

剧组中出现任何延误、冲突等问题，制片主任都应第一时间和相关负责人进行及时沟通、及时解决，以委婉含蓄、平等尊重、将心比心、恰如其分的说服方式而不是激烈对抗的辩论方式进行协调。

【课堂讨论】

你是否有过影视项目沟通的经历？有何体会？

第三节　导演沟通

一、导演的含义

（一）导演的定义

导演是组织剧组各部门各工种协调配合将文学剧本视听化的组织者，是影视项目的核心职务之一。

（二）导演的工作

导演的工作涉及制片合作、剧本创作、搭建团队、指导演员、协调部门、监审后期等方面。

二、导演的沟通

（一）拍摄前

1. 沟通工作

在拍摄前，导演应选择有意愿合作的制片方并与之积极沟通，影视项目的题材、重点、风格、人物、地点、预算、周期、演员以及植入等方面均需双方协商一致，虽然出发点可能不同，但应通过沟通取得有效的平衡。同时，导演应和摄影、录音、美术等部门沟通确定实拍细节，前期沟通工作越细致，后期拍摄越顺畅。

2. 沟通要求

无论是与制片方沟通还是与剧组各部门沟通，导演都应根据项目的具体情况灵活处理，能够有底线、讲人情，换位思考、进退有度，实现原则性和折中性的有机平衡。

（二）拍摄中

1. 沟通工作

在拍摄时，导演应和导演组成员每天沟通当天的拍摄情况及第二天的拍摄计划，与摄影、录音、美术、剪辑等及时沟通要求，并指导演员走戏。

2. 沟通要求

导演在拍摄现场身兼生产和创作两大任务，并需要调度整个剧组，工作强度大，身心压力大，应努力平和心态、捋清思路，与各部门各工种沟通时要表达清晰明确，有逻辑、有重点，指导演员表演时注意表达方式，多关切、多信任、多鼓励，使团队能够有序、高效地完成拍摄任务。

（三）拍摄后

1. 沟通工作

在拍摄完成之后便进入后期阶段，导演应对剪辑、声音、调色等环节逐一进行细致沟通、合理调整，并在送审后与制片人沟通修改的合理性、必要性等并做出修改。

2. 沟通要求

导演的后期沟通应注意细致、耐心，如电视剧每集的打点、配乐的风格、混录的效果等，都应尽量平衡各方意见，呈现最佳效果；对于审查意见，则应与制片人及时沟通，符合政策规定的部分坚持原则，确实有问题的应及时修改。

【课堂讨论】

你是否在学生作业中担任过导演工作？有何体会？

第四节　其他部门沟通

一、编剧沟通

（一）编剧的含义

1. 编剧的定义

编剧是撰写影视剧本的人，是影视项目的核心职务之一。

2. 编剧的工作

编剧的工作相对独立、先行，可以先完成剧本创作再寻找投资，也可以接受委托后再进行创作。若是后者，则大致需要经过故事梗概、分集大纲、前几集完整剧本、初稿、改稿、终稿等环节完成编剧工作。

（二）编剧的沟通

编剧的沟通对象主要是制片人、执行制片人、剧本策划等制片方，后期还包括导演等，需要协商IP改编方向、原创题材、长度、稿酬、署名方式、交稿时间、交稿方式等内容。编剧应尊重制片方对于市场的认知和把握，制片方也应尊重编剧对于艺术创作的想法和底线，在相互尊重的基础上协商平衡。另外，与合同相关的内容涉及法务，应明确了解双方权利与义务再签署。

二、演员沟通

（一）演员的含义

1. 演员的定义

演员是影视项目中以自身为创作手段塑造人物形象、表现影视内容的人。

2. 演员的工作

演员在剧组中属于相对轻松的工种，只需做好本职表演工作即可，其他部门工种也是为其服务的。具体而言，大致有选择剧本、试镜、造型、剧本功课、熟悉场景、相互配合、及时沟通等内容。

（二）演员的沟通

演员的沟通对象主要是制片部门和导演组，有生活、创作等方面的任何问题都应及时和相关部门、相关人员进行沟通，在生活上体谅工作人员的不易，在创作上坚持正确的选择，在沟通中保持谦逊的态度。避免因沟通不到位导致进度延误，演员出了问题则全剧组都要停工，要学会感恩与负责。

三、摄影沟通

（一）摄影的含义

1. 摄影的定义

摄影是指使用设备进行视听记录的过程，摄影部门是影视项目的核心部门之一。

2. 摄影的工作

摄影部门一般由照明和摄影两个独立的部门组成，二者工作紧密结合，共同为视听呈现服务。摄影师和灯光师应做好剧本功课、技术筹备、采景搭景、分镜机位等工作。

（二）摄影的沟通

摄影师的沟通对象主要涉及导演、照明、美术、剪辑等相关人员，与导演主要沟通机位、分镜头等内容，与照明主要沟通光效问题，与美术主要沟通场景结构、色彩、光源及演员服装搭配等问题，与剪辑主要沟通重要镜头取舍、调色调光等问题。沟通时应保持耐心、相互体谅，共同为作品的更好呈现服务。

四、录音沟通

（一）录音的含义

1. 录音的定义

录音是指使用设备进行声音记录的过程，录音部门是影视项目的核心部门之一。

2. 录音的工作

录音分为前期录音和后期录音，前期主要涉及声音的采集、塑造、设计等，后期主要涉及人声、动效、环境声、音乐等的录音、编辑。

（二）录音的沟通

录音师的沟通对象主要涉及导演、演员、美术、现场制片、剪辑等相关人员，与导演主要沟通剧本内容，与演员主要沟通台词表达、声效等问题，与美术主要沟通服装、道具出声等问题，与现场制片主要沟通现场声音控制问题，与剪辑主要沟通后期声音编辑等问题。沟通时应保持耐心、相互体谅，共同为作品的更好呈现服务。

五、美术沟通

（一）美术的含义

1.美术的定义

美术是指使用形、色、质等造型手段设计制作影视作品所需造型，美术部门是影视项目的核心部门之一。

2.美术的工作

美术部门大致包括服装、化妆、道具等部门，工作涉及设计/制作服装、设计妆容及选景、改景、搭景、布景等。

（二）美术的沟通

美术指导/副美术的沟通对象主要是制片方和导演，和制片方主要沟通资金问题，和导演主要沟通艺术效果。造型师的沟通对象主要是导演、美术师、演员，和导演、演员主要沟通适应角色特点的服装色系、造型、妆容等，和美术师主要沟通适应场景需要的服装色系、造型等。沟通时应保持耐心、相互体谅，共同为作品的更好呈现服务。

【课堂讨论】

你是否在学生作业中担任过编剧、演员、摄影、录音、美术或其他工作？有何体会？

【课后作业】

1.回顾课堂内容，预习下周内容。

2. 完成一份节目模式或影视剧本的策划书并明确个人角色，在下周课堂上与业界专家进行项目沟通。

【推荐书目】

［美］莫琳·A. 瑞安《创意制片完全手册》（北京联合出版公司，2015）

程樯《电视剧攻略》（中国传媒大学出版社，2016）

【延伸阅读】

高杉逻辑连接词表

一、顺承与附加

1. 追加

还有、并且、再加上、以及、不仅如此、不只、理所当然、另外、除了、同时、特别是、而且、除此之外、尤其、甚至。

2. 对比

（1）并列

另外、另一面、相对地。

（2）时间系列

同时、以来、以后、以前。

3. 解说

（1）延伸

总而言之、也就是说、具体地说、例如、其实、原本、顺带一提、至少、有……的话、而且。

（2）总结

像这样、总而言之、总的来说、综合来说、简而言之。

（3）换句

换句话说、讲白了、换言之。

4. 条件

如果、假设、假如……的话、如果不是……的话、根据、只要、至少、有……的话、而且。

5.选择

或者、或是、或如、不如、还是。

二、顺承与论证

1.理由

为什么、所谓的、理由是、原因是、因为、由于。

2.归结

因此、正因为、由于、基于、结果、综合……的观点、所以、于是。

3.手段

借由、借着。

4.目的

为了、为此。

三、转折

1.反转

可是、但是、虽然、不过。

2.限制

要注意的是、虽说如此、……没错但、相反地。

3.让步

当然、确实、没错。

4.转换

对了、那么、接下来。

第十五周　职场沟通

教学内容

同事沟通；团队沟通；会议沟通；谈判沟通。

教学学时

理论学时2学时，实践学时2学时，共计4学时。

教学目的

通过理论讲授，使学生基本了解上级沟通、平级沟通和下级沟通的基本内容，团队沟通、会议沟通、谈判沟通的含义及相关内容；通过实践训练，使学生将理论应用于实践，大致掌握同事沟通、团队沟通、会议沟通和谈判沟通的基本技巧。

教学重点

同事沟通的技巧；团队沟通的技巧；主持会议的技巧；谈判沟通的技巧。

教学要求

1. 布置课前预习，浏览教材内容。
2. 理论讲授少而精，课堂互动巧而优。
3. 选择经典音视频，讲解教学重难点。
4. 结合丰富典型案例，指导有效实践训练。
5. 布置适量课后作业，融会贯通课堂内容。

教学模式

理论讲授+实践训练

第一节 同事沟通

一、上级沟通

在职场中与领导的沟通相处是每个人必须面对的工作内容，尽可能了解领导，在请示汇报、建言献策乃至接受批评时能够有效沟通。

（一）了解领导

不同的领导有不同的个性特征、行事作风，可以将其分为威严型、亲和型、支持型、授权型等类型。

1. 威严型

威严型领导注重实现自我价值，常以命令的口吻与下属交流。支持行为较少，指挥行为较多。是自上而下的单向交流。

面对威严型领导，应当注意坚决服从命令、主动请示汇报、做事一丝不苟、保持适当距离。

2. 亲和型

亲和型领导对工作和下属关注度都很高，善于带领大家前进，使每个人都充分发挥价值。支持行为较多，指挥行为也多。是自上而下的双向交流。

面对亲和型领导，应当注意及时沟通、多沟通，有困难大胆寻求帮助，有成绩及时表示感谢。

3. 支持型

支持型领导对下属关注度很高，对工作关注度较低，给大家充分的发言权甚至决策权，充分调动起大家的积极性。支持行为较多，指挥行为较少。是自下而上的双向交流。

面对支持型领导，应当注意回应热情、积极轻松，热情投入工作，主动展示自己，可适当扩展私人交往。

4. 授权型

授权型领导对工作和下属关注度都较低，一般只负责制定目标，具体实施全部授权下属完成，不注重过程，只看结果。支持行为较少，指挥行为也少。是自下而上的单向交流。

面对授权型领导，应当注意明确目标任务，把握锻炼机遇，完成工作挑战。

（二）沟通原则

与领导沟通时，整体应注意把握时机恰当、地点恰当、重点突出、依据充分、结果预判等原则。

（三）请示汇报

1. 请示汇报的技巧

在请示意见、汇报工作时，应注意目的明确、重点突出、实事求是、及时记录。

2. 请示汇报的态度

在请示意见、汇报工作时，还应注意个人态度，尊重但不吹捧、自信但不自傲、请示但有主见、主动但不越权。

（四）建言献策

1. 建言献策的技巧

在建言献策或说服领导时，应注意沟通前确立目标、收集资料、精心准备、做好质疑预案；沟通时，应注意时间地点恰当、表达清晰流畅，重点突出、有理有据。

2. 建言献策的态度

在建言献策或说服领导时，还应注意个人态度，尊重领导、相信自己、态度恳切、出于公心。

（五）接受批评

应正确对待、客观分析领导的批评建议，努力做到虚心听取，避免当场顶撞；换位思考，体谅领导用心；举一反三，落实日后言行。

【课堂讨论】

你是否能够接受批评？对自己的成长有何利弊？

二、平级沟通

对于职场人士而言，每天相处最多的可能并不是亲朋好友，而是平级同事，与同事的良好沟通是事业发展的重要基础。

（一）了解同事

在沟通中，每个人都有不同的决策速度、情感流露，可以将其分为分析型、和蔼型、表达型、支配型等类型。

1. 分析型

分析型同事决策不果断、情感流露不明显，严肃认真、有条不紊，注意细节、注重个人空间。

与分析型同事沟通应注意时间、地点等细节，保持沟通距离，避免太多无声非语言的沟通，直奔主题即可。

2. 和蔼型

和蔼型同事决策艰难、情感流露明确，慢声细语、和蔼可亲，有耐心、好合作。

与和蔼型同事沟通应建立双方良好的关系，态度轻松愉悦，注意无声非语言的有效沟通。

3. 表达型

表达型同事决策果断、情感外露，为人热情直爽、外向合群、活跃幽默、不注重细节、有声语言夸张、无声非语言丰富，容易相处。

与表达型同事沟通应注意态度积极、活泼有力，以有声语言或无声非语言给予鼓励，可多沟通大方向而非细节的内容。

4. 支配型

支配型同事决策十分果断、情感几乎不外露，能力较强，讲求效率，愿意支配他人。

与支配型同事沟通应展现尊重，表达准确，多以无声非语言辅助沟通。

（二）沟通原则

与同事沟通时，整体应注意把握换位思考、求同存异，互相尊重、互相帮助，明确权责、真诚以待等原则。

（三）沟通技巧

与同事沟通时，整体应注意把握明确各自需求、树立团队意识，保持平和心态、树立大局意识，虚心学习、不耻下问，多理解、多包容、多欣赏、多赞美，友好相处、保持距离等技巧。

【课堂回顾】

冲突的处理方式与技巧有哪些？

（四）冲突处理

1. 产生冲突的原因

在工作中，个体的差异、目标的不同、沟通的缺乏、资源的有限、立场的相左、工作的性质等会导致同事之间出现工作或人际上的争论、对抗。

2. 处理冲突的策略

处理冲突首先应当彼此尊重、相互体谅、放低姿态、换位思考，还应树立少争多让、吃亏是福的心态，礼尚往来、互利互惠，找到共同利益，实现合作共赢。

【课堂实践】

两人一组，用2分钟时间找到彼此10个共同点；再用1分钟时间各自说出自己的一个困扰，对方尝试理解、开导、解决。

三、下级沟通

领导的信息大多来自下属，一切决策、计划、安排等都与下属的沟通息息相关。因此，对下属应做到有效沟通、正确指令、适当激励、理性批评。

（一）有效沟通

为了与下属进行有效沟通，应注意尊重下属、换位思考、倾听声音、关注发展、及时表扬、适当放权。

（二）正确指令

为了使发出的指令能得到有效贯彻，应注意以“5W2H”法正确传达任务意图，即做什么（What）、谁来做（Who）、开始/结束/检查的时间（When）、开始/结束/检查的地点（Where）、为什么做/这么做（Why）、怎么做（How）、做多少/程度（How much）。

（三）适当激励

为了充分调动下属的工作积极性和创造性，应注意以经济激励、荣誉激励、信任激励、情感激励、目标激励、任务激励等方式给予下属物质、精神的鼓励和动力。

（四）理性批评

批评是为了下属的进步与组织的发展，应注意理性、客观和有度，具体可采用公开表扬、私下批评，点到即止、留有余地，鼓励在先、鞭策在后等方式。

第二节　团队沟通

一、团队沟通的含义

职场沟通中除了一对一、面对面的人际沟通，还有群体性沟通。群体性沟通的主要形式是会议，可以是组织内部的，也可以是跨组织的。团队沟通属于组织内部会议沟通的一种，相对于正式的会议，其形式相对更丰富、更灵活。

二、工作团队的优点

相较于个人的单打独斗，职场中的团队更显力量，主要体现在群策群力、集思广益和同心合意三个方面。

（一）群策群力

团队成员参与制定决策的过程，既能使成员了解、熟悉决策的本质，也能增强其集体荣誉感与积极行动力，有助于决策的制定及团队的发展。

（二）集思广益

团队成员参与制定决策的过程，在良好的沟通氛围中能够碰撞思维、激发想法，产生比独自思索更多、更优的建议、意见。集思广益在需要分工、判断、创意、记忆等工作任务中尤显重要。

（三）同心合意

团队成员参与制定决策的过程，能够聚集更多的信息，制定更好的决策，实现更高的生产力，使成员能够勠力同心、一致向前，产生一加一大于二的效果。

三、工作团队的缺点

相较于个人的自由自在，职场中的团队也存在效率、压力、行动等方面的短板。

（一）效率

团队中每个人都有独特的视角与思想，但是在团队沟通时需要与他人协调、观察气氛、调整重复内容，还可能因人多口杂而跑题、在细枝末节上纠缠不休等。这就需要团队领导者或成员能够有效控制沟通现场，避免效率低下的问题出现。

（二）压力

团队沟通的压力主要是指团队营造的大方向容易无形中引导异见成员妥

协、认同，导致团队决策出现偏差。这就需要团队领导者高屋建瓴、异见成员坚持正确意见，严谨探讨决策。

（三）行动

团队沟通也会出现重讨论、轻行动的现象，大量的时间、精力花在了团队讨论、决策上，最终却难以落实。这就需要在决策时明确权责、任务到人。

【课堂讨论】

你是否参与过实践、实习的团队？有何感受？

四、团队沟通的技巧

对于团队而言，团队大小、团队在组织中地位、团队领导者风格、团队成员个性、团队成员关系、团队成员动力、工作环境、任务性质、任务难度等影响因素较多，团队领导者及团队成员都应注意把握沟通技巧，以实现团队价值。

（一）团队领导者

团队领导者应当控制团队大小、树立领导风格、平衡成员关系、把握沟通进程。

1. 控制团队大小

一般而言，小于5人的团队无法产生凝聚力，超过10人则面对面沟通会变得困难，因此5—7人是理想的团队人数。

2. 树立领导风格

团队领导者的风格不是一成不变的，是需要根据团队成员、任务要求等变化调整的，目的是更好地团结成员、完成任务。一般而言，领导者获得全体成员认可，对于消弭成员之间的差异具有积极意义。

3. 平衡成员关系

团队中每个成员都有各自的背景、个性，都有不同的视角、思维方式，领导者应尊重成员、了解成员，恰当地混合成员，合理地安排角色，使其能够在团队中取长补短、产生合力。

4. 把握沟通进程

在团队具体沟通的过程中，领导者应思维清晰、把握全局，使得沟通始终能够沿着正确的方向前进。跑偏了及时拉回，有冲突及时化解，保证沟通的高效、顺畅。

【课堂讨论】

你认为一个团队领导者还应具备什么样的素质？

（二）团队成员

团队成员应当彼此尊重、相互体谅，互利互惠、少争多让。

1. 彼此尊重、相互体谅

树立团队意识，首先应当彼此尊重、相互体谅，工作中有分歧是正常的，重要的是理解、尊重、体谅，能够换位思考、顾全大局。

2. 互利互惠、少争多让

既然是同一个团队，那么一荣俱荣、一损俱损，作为利益共同体理应合力一致、相互礼让，形成和谐的合作氛围和正向的良性循环。

第三节　会议沟通

一、组织会议

一般而言，职场人士参与会议越多，说明其职位越高，会议沟通在管理者日常沟通中占据大约三分之二的时间；而普通职员同样需要通过组织会议、参加会议为自我发展助力。有效会议沟通、高效会议沟通是职场人士必须面对并解决的重要议题。

组织会议大致可根据确定是否开会、明确会议目的、制定会议议程、确认参会人员、发出会议通知、布置会议场地、做好会议记录、结束会议、会后追踪等流程来进行。

二、主持会议

会议主持是一项重要的工作，主持者能力的高低对会议沟通效果具有决定性的影响。会议主持者应当从会议控制、会议引导、分歧处理和决策制定四个方面做好主持职责。

（一）会议控制

1. 会议控制的内容

控制会议是会议主持者最基本的职能，大致包括决定沟通议题、明确讨论范围、保证依次发言、尽量客观公正等方面。

另外，会议主持者对于结盟、自我展示、保护小团体利益等隐性议程需要及时、有效解决，不可放任导致影响会议沟通。

2. 会议控制的技巧

会议主持者可以从有声语言和无声非语言两个方面进行控场。通过明确发言时间、及时接过话头以及眼神、手势、敲桌、看表等方式，都可以有效控制发言者的超时现象。

【课堂讨论】

你是否主持过会议？遇到过什么困难？最终如何解决的？

（二）会议引导

在会议进行的过程中，会议主持者还应熟悉会议流程、引导会议进程，适时提问、鼓励发言。

（三）分歧处理

会议中出现分歧导致争论，容易使会议走向偏移，达不到沟通效果或影响沟通效率。会议主持者应厘清双方观点、分析分歧原因、了解双方意愿、找到解决方案，同时也可将分歧作为临时会议议题，进行深入探讨。若分歧过大暂时无法解决，则应果断暂时搁置，进入下一议程。

（四）决策制定

会议最终会形成决策，大致包括权威者决策、少数服从多数决策、共识决策、无异议决策等类型。

三、参加会议

（一）参会前

参会前应了解会议的时间、地点、主题、议程等，同时准备好发言相关材料，安排好时间。

（二）参会时

参会时应遵守会场秩序与礼仪，清晰表达观点、积极参与讨论，尊重他人、控制自己，做好必要的记录。

【课堂讨论】

会议中什么时候应该发言？

第四节　谈判沟通

一、谈判沟通的含义

（一）商务谈判的定义

商务谈判沟通是指有关各方为了达成合作而进行的交涉、协商等活动，简称谈判沟通。

（二）商务谈判的特征

商务谈判具有以经济利益为目的、以价值博弈为核心、以合同严密为保证等特征。

（三）商务谈判的意义

商务谈判具有实现经济目标、获取市场信息、拓展市场领域等意义。

（四）商务谈判的原则

商务谈判应遵循平等、双赢、合法、时效性、最低目标等原则。

二、谈判沟通的技巧

（一）谈判前

在正式进入谈判前，应做好充足的准备，大致包括充分了解对方、明确基本态度、多套准备方案等方面。

1. 充分了解对方

知己知彼才能把握主动，不仅应了解谈判对方的大致目标、心理底线等，还应了解其行业情况、单位情况、谈判人员性格等，避免产生不必要的沟通障碍。

值得注意的是，还可以使用反向策略，即了解自身竞争对手的情况，在谈判时可以作为进退依据。

2. 明确基本态度

面对不同的谈判对象需要不同的态度来应对，如积极争取、友好合作、一定程度让步、可有可无等。

3. 多套准备方案

谈判的过程也是博弈的过程，双方的原始方案不可能一成不变就达成协议，因此应多准备几套应对方案，根据谈判情况灵活使用、争取主动。

（二）谈判中

在谈判过程中，应建立和谐气氛、简练有声语言、控制谈判局势。

1. 建立和谐气氛

刚进入谈判时，一方面可以选择双方的共同点切入话题，另一方面也可以选择相关新闻、消息进行探讨，缓和谈判的紧张气氛，使双方内心能够有亲切感、认同感。

2. 简练有声语言

谈判中的有声语言表达应清晰、简洁、有逻辑、有重点，具有较强的针对性，并根据需要选择恰当的停连、重音、语气、节奏等表达技巧。

同时，谈判中的无声非语言也应恰当、切境，除了会议应有的礼仪，控制表情、动作等应同样简洁，避免对方从中解读出真实想法。

3. 控制谈判局势

谈判局势的控制主导权不在自己手中便在对方手中，因此应注意态度的公平客观，在此基础上使用以退为进、先听后说、曲线救国等技巧，为最终实现双赢助力。

【课堂讨论】

你是否有过成功说服他人的经历？成功的原因是什么？

【课后作业】

1. 回顾课堂内容，准备期末考查。

2. 学院将召开一次关于筹备新年晚会的会议，请选择：①你作为会议的组织者设计一份完整的会议流程；②你作为会议的参加者准备一份完整的晚会策划。

【推荐影视】

电影《在云端》（*Up in the Air*，2009）

电影《华尔街之狼》（*The Wolf of Wall Street*，2013）

【延伸阅读】

谈判沟通的环境礼仪

1. 光线

可利用自然光源，也可使用人造光源。利用自然光源即阳光时，应备有窗纱，以防强光刺目；而用人造光源时，要合理配置灯具，使光线尽量柔和。

2. 声响

室内应保持宁静，使谈判能顺利进行。房间不应临街临马路，不应在施工场地附近，门窗应能隔音，周围没有电话铃声、脚步声、人声等噪声干扰。

3. 温度

室内最好能使用空调和加湿器，以使空气的温度与湿度保持在适宜的水平。温度在20℃，相对湿度在40%—60%最为合适。一般情况，至少要保证空气的清新和流通。

4. 色彩

室内的家具、门窗、墙壁的色彩应尽量和谐一致，陈设安装应实用美观，留有较大的空间，以利于人的活动。

5. 装饰

用于谈判活动的场所应洁净、典雅、庄重、大方。宽大整洁的桌子、简单舒适的座椅或沙发，墙上可挂几幅风格协调的书画，室内也可装饰适当工艺品、花卉、标志物，但不宜过多过杂，以求简洁实用。

第十六周　期末考查

考查内容

影视项目沟通。

考查要求

1. 可选择综艺节目模式、电视剧、电影等项目类型，做好完整的项目策划案，以演示文稿和纸质版形式呈现。

2. 明确自身身份。

3. 每人独立完成。

4. 模拟真实项目沟通场景，邀请至少两位业内专家到场，与任课教师组成评委团共同评分。

5. 展示完成后同学进行讨论，专家、教师进行总结点评、讲解。

评分标准

1. 项目的新意、创意、吸引力。（30分）

2. 项目的完整性、可行性、成熟度。（30分）

3. 有声语言准确、清晰、流畅。（20分）

4. 无声非语言自然、得体、切境。（20分）

5. 全体同学投票产生最佳人气项目、最佳展示风采等单项奖，可获期末总成绩额外加5分。

计分标准

1. 评委团打分后取平均分。

2. 期中考查占期末总成绩50%。

考查学时

理论学时2学时，实践学时2学时，共计4学时。

参考文献

[1] 汉弗莱.即兴演讲：掌控人生关键时刻[M].坰清，王克平，译.北京：人民邮电出版社，2018.

[2] 阿德勒，普罗科特.沟通的艺术：看入人里，看出人外——插图修订第15版[M].黄素菲，李恩，王敏，译.北京：北京联合出版公司，2018.

[3] 克拉克.精简写作：快节奏时代的沟通与表达[M].黄筠，译.北京：中国华侨出版社，2018.

[4] 瑞安.创意制片完全手册：从项目策划到营销发行[M].马瑞青，译.北京：北京联合出版公司，2015.

[5] 斯坦顿.沟通圣经：听说读写全方位沟通技巧——修订第5版[M].罗慕谦，译.北京：北京联合出版公司，2015.

[6] 柴璠.广播电视播音主持[M].北京：北京大学出版社，2014.

[7] 程樯.电视剧攻略[M].北京：中国传媒大学出版社，2016.

[8] 金正昆.社交礼仪[M].北京：北京师范大学出版社，2011.

[9] 黄漫宇.沟通与礼仪[M].北京：北京大学出版社，2014.

[10] 王军旗.商务谈判：理论、技巧与案例[M].4版.北京：中国人民大学出版社，2014.

[11] 吴弘毅.播音主持艺术语音发声[M].北京：中国广播电视出版社，2001.

[12] 徐凌洁.沟通技巧与实训[M].镇江：江苏大学出版社，2018.

［13］徐恒.播音发声学［M］.北京：中国传媒大学出版社，2012.
［14］徐中玉.应用文写作［M］.5版.北京：高等教育出版社，2016.
［15］张颂.朗读学［M］.修订本.北京：中国传媒大学出版社，2010.
［16］张颂.中国播音学［M］.北京：北京广播学院出版社，2003.
［17］郑思礼，郑宇.现代新闻报道：理解与表达［M］.昆明：云南大学出版社，2004.

后 记

数年前无意中看过一条有意思的消息，国外某研究者声称发现了大致“时空压缩”之类的现象，说一天24小时实际只有曾经的三分之二，钟表每天还是走24圈，但实际上我们却只过了16个小时。时至今日，我愈发觉得这个不太靠谱的研究真的很有现实说服力，尤其进入新世纪以来，时间背后的齿轮仿佛被按下了快进键，飞速旋转。

2018年秋天，我正式入职北京电影学院视听传媒学院，回首、定睛、细算，惊觉倏忽已是整整五年。这五年也算是经历了人生中的不少大事，心情时不时在平静中跌宕起伏，生活亦时不时在平淡中左冲右突，时常感喟那少有人走的路真真是超越自己、超越一切的正途。

再回首，自2009年成为一名大学教师，十几年的时光竟已飞逝。每年都能遇见那么多青春的新气象，结识那么多可爱的新学生，这大概也是做老师不易老的福利。犹记得还在读大学时，有一次活动排练，我和搭档站在台上，面对台下空无一人的座位，莫名的神圣感油然而生。我说，如果以后我当了老师站在讲台上，一定不会乱说一句话。因为有时候，现在随口而出的话可能最终会变得很有力量，那些无心种下的种子可能会在别人心里生根发芽。老师的一句话，也许会改变一个学生的一生。直至今日，我依然将其视作从业的重要准绳。

教师，亦是有声语言工作者；教与学的过程，亦是沟通交流的过程。沟通中，面对不同情境、不同目的、不同对象，应说不同的话，而这些不同，便是沟通的技巧。教师如此，各行各业各人亦如此。人生在世，工作也好，生活也罢，总离不开与相关之人的沟通交流，掌握一定的沟通技巧，不敢说“决胜千里之外”，但起码能在“运筹帷幄之中”吧！

综观市场上“沟通”相关的书籍，实可谓铺天盖地、琳琅满目，但其中教材甚少，而教材又多为中等、高等职业教育相关，有针对性的高等院校教材则少之又少。这本教材为北京电影学院“沟通技巧”课程的配套教材，以“1学期/16周/每周4课时”作为基本架构，大致分为前半学期“基本沟通技巧”与后半学期“具体沟通情境”两大部分，除了有沟通技巧相关的基本内容，针对学生大学毕业将要面对的升学、求职，设计了面试沟通相关内容；针对媒介发展的日新月异，设计了社交媒介沟通相关内容；针对专业特点与未来从业趋势，设计了影视项目沟通相关内容；针对大学生心理，设计了自我沟通管理相关内容……可以说，每周的课程设计，都力图实现针对性、普适性、实用性的统一与理论、技巧、实训的兼及。如有兄弟院校教师选用本教材，可根据学生的培养目标、兴趣要求以及自身的教学安排、研究专长等进行增删调整，亦期批评指正。

“子曰：刚、毅、木、讷，近仁。”言语谨慎向来是一个美好的品质。但重文轻语亦是我们不得不正视并应改之的长期现实。移动互联时代，每个个体都拥有了传播的“超能力”，几句精彩的表达也许便会带来难以估量的传播力与影响力。有声语言的力量正在被重视与重估。善于表达、善于沟通，已然成为生活、学业、事业向上向好的有效利器。沟通，是工具，是技巧，也是艺术。深望开卷有益。

所列参考文献不多，但一路走来无论是学习、教学还是写作，都从各类教材论著中获益良多，在此深表谢意。

小书薄薄一册，作为“讲义”经历了四届学生的使用，但仍有诸多不足之处，敬祈批评指正；作为“书稿”经历了三年“待字闺中”的煎熬，感谢中国国际广播出版社细致、耐心、严谨、专业的编辑们为小书能够尽早出版所给予的大力支持，谨借书页一角真诚致谢。

王秋硕

癸卯端午，三书屋